surf 4ever

David Fermer

Thienemann

Caught Inside

Mir ist langweilig. Hier ist nichts los außer Regen. Es schüttet wie aus Kübeln, der Skatepark ist menschenleer. Ich wünschte, ich wäre woanders. Irgendwo, wo es warm ist, wo die Sonne scheint, wo es große Wellen gibt. Irgendwo am Meer. Ich habe keine Lust mehr auf Festland, auf Stadt, auf Beton. Es gibt nur eines, das ich wirklich will: Surfen. Aber hier in Bochum sind Wellen genauso wahrscheinlich wie Fische in der Wüste.

Zum Glück habe ich Cruncher und Bomba dabei, meine zwei besten Freunde. Sie surfen auch. Cruncher ist klug, Bomba ist dumm wie Brot, aber wir verstehen uns gut. Um zu surfen musst du kein Genie sein. Du musst nur Instinkt haben. Und einen guten Gleichgewichtssinn. Und Kraft und Timing. Du musst das Wasser unter deinem Board spüren können, dich von der Welle mitnehmen lassen, vor dem Meer Respekt haben.

Im Skatepark wird es langsam dunkel, aber keiner rührt sich von der Stelle. Es ist, als wären wir im Wachzustand eingeschlafen. Wir hocken im überdachten Eingang eines Wohnblocks, der neben dem verlassenen Skatepark steht, und schauen auf den niederprasselnden Regen. Jede Menge Wasser, aber keine Wellen in Sicht. Es ist ein ziemlich trostloses Bild. Ich könnte heulen.

Keiner sagt etwas. Das geht seit Stunden so – zumindest fühlt es sich so an. Es gibt einfach nichts zu sagen. Wir haben schon über alles gesprochen: über Fußball, Mädels, über Gott und die Welt. Wir haben sogar schon über Bombas Schweißfüße geredet. Auch da sind wir zu keiner vernünftigen Lösung gekommen.

Ich kann die Langeweile kaum noch ertragen. Ich freue mich schon auf mein Bett. Nicht weil ich müde bin, sondern weil Schlafen eine Vollzeitbeschäftigung ist. Zumindest für acht Stunden. Beim Schlafen wird einem nicht langweilig. Manchmal kann es sogar unterhaltsam sein.

Zum Glück fällt Cruncher irgendwann ein neues Gesprächsthema ein. »Wo fahren wir diesen Sommer hin?«, fragt er und bricht damit die unerträgliche Stille.

Das Spiel kenne ich. Das machen wir immer, wenn wir am Tiefpunkt sind.

»Keine Ahnung ... Kalifornien?«, sagt Bomba und blickt verträumt in den Regen.

Mann! Immer Kalifornien! Es gibt tausend andere Surfplätze auf der Welt. Warum sind die so auf Kalifornien fixiert? Die haben echt keine Ahnung.

»Kalifornien ist vollkommen out!«, sage ich vernichtend. »Hawaii ist doch viel besser. Oder von mir aus Tahiti.«

»Wollten wir nicht nach Australien fahren?«, fragt Cruncher. Seine Augen funkeln bei der Vorstellung. »Australien ist der Hammer.«

»Ach komm, Cruncher. Australien ist doch Kindergarten«, widerspreche ich ihm.

Mir macht das Spiel auch Spaß. Es schadet nicht, ein bisschen zu träumen.

»Oder Jeffrey's Bay?«, schlägt Cruncher stattdessen vor. »Wie wär's denn damit?«

Bomba legt Einspruch ein und schüttelt ablehnend den Kopf. »Auf keinen Fall! Das Wasser in Südafrika ist viel zu kalt für mich.«

»Ja, o. k. …« Cruncher bleibt am Ball. »Was ist mit den Philippinen? Wäre das besser?«

»Na ja«, sage ich, »ich kann kein Filipino sprechen …«

»Oder Puerto Escondido?«, schlägt Bomba vor. »Nach Mexiko ist's doch gar nicht so weit, oder?«

»Na klar, Bomba. Mexiko ist total nah. Gehört quasi noch zum Ruhrgebiet.«

»Mir ist egal, wo wir hinfahren«, sage ich. »Hauptsache Sonne, Sand und …«

»Surfen!«, vollendet Bomba unseren Lieblingsspruch.

Genau. Was will man mehr?

Plötzlich springt Cruncher auf und schlägt mit der Faust in die Luft. »Ey, was machen wir überhaupt hier?«, ruft er wütend. Er läuft unruhig vor uns auf und ab und zerzaust sich die Haare. Den Blick in seinen Augen kenne ich: Es ist der Beginn eines Cruncher-Ausrasters.

»Das ist völlig bekloppt!«, schimpft er. »Wir haben nicht mal genug Kohle, um an die Nordseeküste zu fahren, geschweige denn nach Kalifornien. Wir werden diesen Sommer niemals surfen gehen!«

»Die Hoffnung stirbt zuletzt«, wirft Bomba optimistisch ein.

»Ich will nicht hoffen, ich will surfen!«, faucht Cruncher ihn an.

»Ist schon klar, Mann. Das wollen wir alle. Jetzt bleib mal locker, ja?«

Aber Cruncher ist nicht mehr zu bremsen. Er tritt mit dem Fuß gegen die Hauswand und stöhnt voller Frust. »Ich bin pleite, richtig pleite, versteht ihr? Und meine Mutter hat auch kein Geld. Ich werde dieses Jahr auf keinen Fall wegfahren können. Niemals!«

»Wir haben doch alle kein Geld«, erinnere ich ihn. »Das Zeug wächst eben nicht auf Bäumen.«

»Schade eigentlich ...« Bombas nachdenklicher Beitrag.

Cruncher ist immer noch am Durchdrehen. »Ich kann nicht den ganzen Sommer in Bochum bleiben!«, motzt er und kickt sein Skateboard die Treppe hinunter. »Ich habe keinen Bock, immer nur auf Beton zu surfen. Ich muss hier raus.«

Ich auch. Es ist eine düstere Vorstellung, die ganzen Sommerferien hier zu verbringen. Nichts gegen Bochum. Ich liebe meine Stadt. Aber es gibt im Pott eben keine Wellen. Punkt.

Dieser Gedanke scheint sogar Bomba die Laune zu verderben. »Mach dir keine Sorgen, wir werden schon irgendwo hinfahren«, sagt er, mehr um sich selbst zu beruhigen. »Irgendwohin, wo es warm ist. Irgendwohin, wo es Wellen gibt.«

»Aha«, sagt Cruncher in einem vernichtenden Ton. »Und wo soll das sein?«

»Keine Ahnung«, murmelt Bomba. »Vielleicht schaffen wir es doch noch mal nach Frankreich?«

»Wie soll das gehen, Bomba? Das sind 1.300 Kilometer! Ist nicht gerade ein Katzensprung. Und falls du es vergessen hast: Es gibt dieses Jahr keinen Schulaustausch!«

Jetzt reicht es mir. »Halt den Ball flach«, unterbreche ich ihn. »Irgendwie wird das schon klappen. Wo ein Wille ist, da ist auch ein Weg. Und wo es Wellen gibt, da gehören wir hin. Ich weiß zwar nicht, wie wir dort hinkommen, aber uns fällt schon etwas ein. Wir müssen nur ein bisschen Geld zusammenkriegen.«

Cruncher schnalzt mit der Zunge und dreht mir den

Rücken zu. »Nur ein bisschen Geld?!«, sagt er herablassend. »Was willst du tun? Eine Bank überfallen?«

Wir schweigen wieder. Ich bin richtig sauer auf Cruncher. Er hat mit der Nummer angefangen, und jetzt dreht er die ganze Sache um und sorgt für schlechte Laune. Warum muss er immer so pessimistisch sein? Ich will auch nicht den ganzen Sommer hier bleiben. Ich will Wellen reiten und nichts anderes. Was Cruncher gerade macht, ist seelischer Selbstmord. Wir haben noch genug Zeit, um eine Lösung zu finden. Die Sommerferien fangen erst in ein paar Wochen an.

Eine Zeit lang sagt keiner etwas. Der Skatepark liegt mittlerweile im Dunkeln. Der Regen hat nachgelassen. Ein alter Mann läuft an uns vorbei. Er trägt zwei schwere Einkaufstüten. Ich will gerade vorschlagen, dass wir nach Hause gehen, als plötzlich zwei Typen hinter der Minirampe hervorspringen und den alten Mann zu Boden stoßen.

»Verdammte Kacke! Ein Überfall!«, rufe ich und springe sofort auf. »Kommt, Jungs! Wir müssen helfen.«

»Wir sind doch nicht die Polizei!«, widerspricht Bomba. »Das geht uns gar nichts an.«

»Siehst du hier irgendwo die Polizei?«, sagt Cruncher mit Blick auf die Gewaltszene, die sich nur hundert Meter vor unseren Augen abspielt. »Komm schon. Beweg deinen Hintern.«

Cruncher und ich laufen los. Hinter uns steht Bomba widerwillig auf und folgt uns. Wir sprinten über den Platz. Dabei ruft Cruncher: »He! Lasst ihn in Ruhe!«

Mein Herz rast wie ein Presslufthammer. Wir sind zu dritt, sie sind zu zweit. Reicht das, oder werden wir gleich eine draufkriegen?

»Wir haben gesagt: Haut ab!«

Die zwei Typen erstarren und schauen sich erschrocken um. Ich kann ihre Gesichter nicht erkennen. Sie haben Mützen auf und ihre Schals weit ins Gesicht gezogen. Ihrer Statur nach zu urteilen sind sie nicht viel älter als wir. In ihren Augen sehe ich Angst.

»Komm!«, zischt der eine durch seinen Schal. »Lass uns abhauen.«

Der andere tritt den alten Mann mit dem Fuß. »Penner!«

Dann drehen sich die zwei Jungs um und machen sich aus dem Staub, ohne Schlägerei, ohne Widerstand. Unser Einsatz hätte nicht besser laufen können.

»Denen haben wir's gezeigt«, sagt Bomba stolz und schaut den Jungs hinterher, als sie in der Gasse zwischen den Wohnblöcken verschwinden. Wir gehen zu dem alten Mann rüber und helfen ihm auf.

»Ist alles in Ordnung bei Ihnen?«

Der Mann stöhnt, sichtlich unter Schock, und hält sich die Rippen. »Ja, danke … Vielen Dank!«

»Sind Sie verletzt?«

»Nein, ich glaube nicht …«

Der Mann wischt den Matsch von seinem Mantel und beruhigt sich langsam.

»Danke, danke!«, murmelt er und schaut uns ungläubig an. »Ihr seid gute Jungs. Wirklich. Ich bin euch so dankbar. Sehr dankbar. Wie kann ich das wiedergutmachen?«

Bomba zögert keine Sekunde. »Sie haben nicht zufällig drei Flugtickets dabei?«, fragt er und lacht. »Nach Hawaii vielleicht?«

Girls' Talk

On the way back from Fistral Beach this evening, Maddy asks: »So what do you think of Ethan?«

I knew this conversation was coming. Maddy has been **spending** a lot of **time** with Ethan over the past few weeks. Ethan is a surf **instructor** at our local surf club. He was a friend of my brother. He lives with his aunt just down the road from us. Originally he comes from London. He's very good-looking and very charming, and he knows it.

Maddy has **fallen for** him. You really don't have to be a love expert to see that.

»What do you mean?« I say, although I know exactly what Maddy is talking about.

»You know …« says Maddy shyly. »He's **kind of** nice, don't you think?«

»Nice?« I hate that word. Let's be a bit more specific here: »You mean, you **fancy** him?«

to spend time – Zeit verbringen + surf instructor – Surflehrer + to fall for someone – sich in jemanden verlieben + kind of – irgendwie + to fancy someone – auf jemanden stehen

Maddy goes red in the face and can't look me in the eyes. »Oh, come on, Ashley!« she says with a really sweet smile. »He's **gorgeous!**«

»Just because he's got a **six-pack** does not mean he's gorgeous.«

Maddy gives me a cheeky grin. »Well … it helps …«

»**Besides**, he's far too old for you.«

»He's only eighteen.«

»Exactly.«

»Eighteen isn't too old,« Maddy disagrees. »My sister's boyfriend is twenty-five!«

»That's **different,**« I point out. »Your sister is seventeen. You aren't even sixteen yet. Seventeen is two years older than fifteen. Two years! Seventeen-year-old girls can **date** whoever they want to. Fifteen-year-old girls, **on the other hand**, have to be more **careful**.«

»Says who?«

»Says me. You know what boys are like. They all want the same thing.«

Maddy thinks about this for a second. »**So what?**« she says. »I still like him.«

»Fine. Feel free! You can fancy him if you want to. Just don't **live in hope**. Ethan has probably got hundreds of girls at his feet.«

gorgeous – sehr gut aussehend + six-pack – Waschbrettbauch + besides – außerdem + different – anders + to date – mit jemandem ausgehen + on the other hand – dagegen + careful – vorsichtig + so what? – na und? + to live in hope – hoffen

Maddy sighs dreamily. »Yeah, you're probably right. He's soooooo good-looking.«

I put my arm around Maddy's shoulder. »But there aren't many girls who are as gorgeous as you,« I say. »Who knows? Maybe he likes you, too.«

Maddy smiles at the compliment. »Yeah, maybe,« she says with this really sad voice.

It's time to talk about something else. »Come on. Let's go and have some fish 'n' chips,« I say, pointing to the **chippy** at the corner of our road. »Today is on me.«

»Now you're talking!« says Maddy, back to her happy self.

She puts her arm in mine, and together we go into the chippy at the corner of our road. After a long evening of surfing, this is going **to taste** really good!

chippy – Frittenbude + to taste – schmecken

Backwash

Ich räuspere mich und schaue in die Gesichter meines Publikums: Mama und Papa, die Eltern von Bomba, Bombas neunjährige Schwester und Crunchers Mutter. Neben mir Bomba und Cruncher. Wie immer spreche ich für uns drei.

»Ich möchte mich an dieser Stelle bei euch bedanken«, fange ich zögerlich an und gebe mein Bestes, um möglichst überzeugend zu wirken. »Ich finde es wirklich klasse, dass ihr euch Zeit für uns genommen habt.«

Mein diplomatischer Auftakt scheint meinen Vater nur noch skeptischer zu stimmen. Er runzelt die Stirn und kneift die Augen zusammen. »Was soll das hier, Mo? Deine Neujahrsansprache?«, witzelt er.

Bombas Vater lacht. Die beiden verstehen sich gut.

»Lass Moritz doch ausreden!«, faucht meine Mutter Papa genervt an.

Ich hasse es, wenn meine Mutter mich »Moritz« nennt. Ich heiße Mo.

Toll, jetzt haben sie mich echt aus dem Konzept gebracht.

»Ja ... ähm ... was wollte ich sagen?«

»Dass du es klasse findest, dass wir alle auf das heutige Fernsehprogramm verzichtet haben, um hier zu sein«, sagt mein Vater, weiterhin mit einem sarkastischen Unterton. »Ich finde es auch klasse von uns.«

»Genau«, fahre ich fort, »also ... heute Abend wollen Cruncher, Bomba und ich etwas mit euch besprechen: unseren Plan für die Sommerferien ...«

Jetzt fällt mir auch noch Bombas Vater ins Wort. »Na, dann los, Junge! Komm zur Sache! Wir haben nicht die ganze Nacht Zeit!«

Seine Frau boxt ihn in die Seite. Mein Vater grinst. Die beiden sind echt unerträglich.

Ich räuspere mich erneut. Das ist gar nicht so leicht mit der Diplomatie.

»Ihr erinnert euch doch noch an den alten Mann, den wir letzte Woche vor einem Überfall gerettet haben?«, fange ich an. »Heute früh hat er sich bei uns in der Schule gemeldet. Er hat uns eine Belohnung gegeben.«

Bombas Mutter ist auf einmal ganz Ohr. »Eine Belohnung?«

»Ja, zweihundert Euro«, sagt Bomba stolz wie Oskar.

»Und mit dem Geld wollen wir nach England fahren«, erkläre ich. »Um zu surfen.«

»Man kann in England surfen?«, staunt Crunchers Mutter. »Das wusste ich ja gar nicht.«

»Der Ort, an den wir fahren wollen, heißt Newquay«, sage ich und spreche den Ortsnamen schön deutlich aus: »new« wie neu und »key« wie Schlüssel, obwohl »quay« eigentlich Kai auf Deutsch heißt. Na ja. Die englische Sprache ist eben manchmal sehr seltsam. »New-Key liegt am Atlantik. In Cornwall, in Südwestengland. Dort sind die Wellen richtig gut.«

»Newquay?«, murmelt Bombas Vater sichtlich überfordert. »Davon habe ich noch nie gehört …«

»Aber ich verstehe nicht …«, unterbricht ihn meine Mutter nachdenklich. »Wie kommt ihr auf England? Ihr wart doch letztes Jahr in Frankreich. Ich dachte, es hat euch dort gefallen. Warum fahrt ihr nicht wieder dorthin?«

Ich beantworte ihre Frage mit einer Gegenfrage: »Kennt ihr Jakob Blumenthal aus der Zehnten?«

Mein Vater nickt. »Klar. Ich war mit seinem Vater auf der Schule. Dem Hans-Peter. Netter Kerl.«

»Dann weißt du auch, was Hans-Peter beruflich macht?«

»Der ist doch Lkw-Fahrer, oder?«, sagt meine Mutter.

»Genau. Und wisst ihr, wo er drei Mal im Jahr mit seinem Lkw hinfährt?«

Schweigen. Unsere Eltern begreifen es nicht.

»Nach England!«, erlöse ich sie. »Jakobs Vater hat gesagt, dass er uns mitnehmen kann. Hinten im Lagerraum hat er sogar Platz für unsere Boards!«

»Und das Beste ist: Es kostet uns nichts«, setzt Cruncher den genialen Plan fort. »Reisekosten: null. Und weil es eine ziemlich weite Anreise ist, haben wir uns überlegt, dass wir einfach die ganzen Sommerferien über dort bleiben, sonst lohnt es sich ja nicht.«

Ich blicke in die erstaunten Gesichter unserer Eltern. Meine Mutter schaut mich mit offenem Mund an. Bombas Mutter sieht aus, als ob sie nichts – und zwar *gar* nichts – kapiert hat. Sie blickt hilflos zu ihrem Mann. Crunchers Mutter schüttelt sprachlos den Kopf.

»Waaaaas?!«, stammelt mein Vater, kaum in der Lage zu sprechen. »Wovon redet ihr? Sechs Wochen England? Das kostet doch ein Heidengeld!«

Ich hole ein zerknittertes Blatt Papier aus meiner Hosentasche und drücke es Papa in die Hand. »Wir haben schon alles ausgerechnet. Ich habe 100 Euro. Bomba auch. Wir teilen das mit Cruncher. Mit der Belohnung zusammen macht das schon 400 Euro.«

»400 Euro für sechs Wochen?«, überlegt mein Vater und rechnet schnell aus: »Das sind weniger als 10 Euro am Tag. Wie soll das gehen? Ihr seid doch zu dritt.«

An dieser Stelle gerät unsere Reiseplanung leider etwas ins Stocken.

»Wir werden selbst kochen«, sagt Cruncher lässig.

»Ich wollte sowieso Diät machen«, teilt ihnen Bomba mit.

Sechs Wochen keine Currywurst. Das würde ihm wirklich nicht schaden.

»Und wenn das Geld nicht reicht, dann kommen wir einfach früher nach Hause«, sage ich. »Was soll da schon schiefgehen?«

Mein Vater bleibt skeptisch. »Und wie kommt ihr dann nach Hause?«

»Keine Ahnung. Vielleicht mit der Bahn? Oder mit Jakobs Vater. Er hat uns gesagt, dass er bestimmt noch eine Lieferung in England abholen muss. Dann könnten wir mit ihm zurückfahren.«

»Irgendwie wird es schon klappen«, hilft mir Cruncher. »Es klappt doch immer bei uns.«

Noch ist Crunchers Mutter nicht überzeugt. »Wo wollt ihr übernachten?«

»Wir haben ein Zelt von Freunden geliehen«, erkläre ich. »Wir können am Strand schlafen. Oder auf einem Feld zelten.«

Bombas Vater grinst. »'n Klo braucht ihr nicht, was?«

»Früher hatten die Menschen auch kein Klo«, argumentiere ich.

»Eine Dusche vielleicht?«, sagt meine Mutter. »Ein bisschen Körperpflege schadet nicht.«

»Wir haben das Meer!«

»Auwei, auwei!« Bombas Mutter wedelt mit der Hand vor ihrer Nase herum. »Wie ihr stinken werdet! Das hält man doch nicht mal eine Woche aus.«

»Wir werden dort Leute kennenlernen, bei denen wir sicherlich duschen dürfen«, erkläre ich.

» ... und aufs Klo gehen ...«, fügt Bomba zuversichtlich hinzu.

Unsere Eltern lassen sich unseren Vorschlag für die Sommerferien durch den Kopf gehen. Ich habe das Gefühl, dass wir sie fast schon rumgekriegt haben. Es ist Zeit, unseren Trumpf ausspielen. Danach werden sie garantiert nicht Nein sagen können.

»Und am Ende der Sommerferien werden wir fließend Englisch sprechen!«, sage ich triumphierend. »Stellen Sie sich das vor, Frau Neumann. Bomba wird nie wieder eine Fünf in Englisch bekommen!«

Die Augen von Bombas Mutter leuchten auf. Sie schaut ihren Sohn beeindruckt an. Bomba nickt eifrig und setzt ein ziemlich dämliches Grinsen auf.

»Ja, ja!«, knirscht mein Vater. »Das habt ihr auch letztes Jahr über euer Französisch gesagt. Schulausflug nach Frankreich! Ihr habt die ganze Zeit nur gesurft. Du kannst nicht mal eine Cola auf Französisch bestellen, Mo!«

Kein Kommentar. Manchmal ist es klüger, einfach nur zu schweigen.

»Diesmal wird es anders sein«, murmelt Bomba beschämt. »Versprochen.«

Wieder verstummt unser hartnäckiges Publikum. Wir stehen kurz vor der Entscheidung. Ich hoffe, sie sagen Ja.

Nach einer sehr langen Denkpause spricht mein Vater erneut – doch keine Spur von seinem üblichen Sarkasmus. »Ist schon doof, wenn du Surfer bist und im Ruhrpott lebst, oder?«, sagt er mit ernsthafter Nachdenklichkeit. »Da lacht sich der liebe Gott bestimmt ins Fäustchen ...«

»Gott ist halt kein Surfer«, sagt Cruncher philosophisch. »Sonst würden wir alle am Meer leben.«

Das hätte ich nicht besser formulieren können.

»Und? Was sagen wir dazu?«, fragt meine Mutter und schaut in die Runde.

Bombas Mutter ist die Erste, die die Frage beantwortet: »Ich finde, wir sollten ihnen eine Chance geben.«

»Und du?« Die Frage geht an Crunchers Mutter.

»Ich habe nichts dagegen. Ich freue mich sogar.«

»Und was ist mit dir, Schatz?«

Mein Vater mustert uns kritisch. Jetzt kommt es: die endgültige Entscheidung, das Urteil. Ich hoffe auf Gnade.

»Ihr habt euch da schon was Schönes zurechtgelegt«, grübelt er. »Ich weiß nicht ... Drei fünfzehnjährige Jungs allein in England? Das könnte heikel werden ... Aber andererseits: Man lebt nur einmal. Ich sage: *Go for it!*«

The Empty Chair

I sit down at the kitchen table. Dad is making tea. It's breakfast time. Every day before school, my parents and I have breakfast together. And every day, the first thing I see is the chair **opposite** mine. Rob's chair. My heart sinks. It **hurts** to see that **empty** chair every morning.

Behind me Mum comes into the kitchen. »Morning, love! And how are we today?« she says.

»Fine, thanks Mum.«

Dad looks over his shoulder at me. »Are you sure?« he asks.

What's that supposed to mean?

»Yeah, I'm sure,« I reply. »Why?«

Mum puts her hand on my shoulder. »You don't **remember** anything, do you?« she asks.

I have no idea what she's talking about. »Remember what?«

opposite – gegenüber + to hurt – wehtun + empty – leer + what's that supposed to mean? – Was soll das jetzt wieder heißen? + to remember – sich erinnern

Dad turns around with the teapot in his hand. He looks at me with this really serious look on his face, like someone just died or something.

»You woke us up last night,« he says quietly. »You were **screaming** again.«

Oh no, not again! That is not good news.

»I'm sorry,« I say, feeling really quite ashamed. I'm fifteen years old, almost sixteen to be precise. Fifteen-year-old girls do not wake up their parents in the middle of the night screaming. That's what babies do. I am not a baby.

Mum sits down next to me. She takes my hand and **squeezes** it really **tight**. »We're **worried** about you, darling.«

»You don't need to worry about me,« I say quickly. But it's not true. Even I am worried about me at the moment. Screaming in the middle of the night is just not right.

»When we heard you screaming, I came into your room to check on you,« Dad says as he pours me and Mum a cup of tea. »You were **tossing and turning** in your bed and shouting. You kept calling out his name. You kept saying: ›Wait for me, Rob!‹ What does that mean, Ashley? ›Wait for me‹? Why do you want Rob to wait for you?«

I look at the empty chair opposite me. The chair where

to scream – schreien + to squeeze tight – fest drücken + to worry – sich Sorgen machen + to toss and turn – sich herumwälzen my big brother always used to sit. Every morning. Just like me. Until the **accident**.

»You're not going to do anything stupid, are you?« asks my mum.

I shake my head. »No, no. It's nothing like that,« I **promise**. »It's just I miss him. I miss him so much.«

Mum strokes my **cheek**. »We all miss him, darling,« she says, and I feel the **tears** swelling up in my eyes. I don't want to cry. I've cried enough.

»**I could have** stopped him,« I say, fighting the tears. »I could have made him stay at home that day. I could have made him wait for me.«

Dad shakes his head. »There was nothing you could have done to help him.«

That's not true. I could have tried harder. I could have stopped him if I had just tried harder.

»Rob's gone, love,« says Dad. »It wasn't your **fault**.«

I can't hold back the tears any longer. They start rolling down my face uncontrollably. I stare at Rob's empty chair. It's so unfair! Why did he have **to die**?

»I could have called you,« I say through my tears. »I knew where he was going. I knew what he was going to do. I knew he was going surfing. He'd been waiting for that storm for weeks. I knew all about it. I knew that

accident – Unfall + to promise – versprechen + cheek – Wange + tear – Träne + I could have – ich hätte … können + fault – Schuld + to die – sterben

Hurricane Donald was on its way. I could have called you and told you what he was doing. He would have listened to you, Dad.«

»No, he wouldn't have,« Dad says. »He wanted to ride that **wave**, you know that. Nothing was going to stop him. Nothing **except** the wave itself.«

Mum lowers her head. She has tears in her eyes. The three of us sit there in silence for a moment. Then Dad says, »your mother and I have been thinking ... We're **wondering** if surfing is the best thing for you ...«

I look up from Rob's chair, suddenly surprised. »What do you mean?«

»There are so many other sports,« Mum says. »Like horse riding, or athletics, or hockey. Sports which are *safe.*«

»We worry about you,« adds Dad.

»It's like you're **holding onto** Rob.« Mum squeezes my hand. »You started surfing because of him, and now we're wondering if it's a good idea for you to continue surfing without him. You have **to let go**, Ashley. We all have to let go.«

»Nothing's going to bring him back,« Dad says. »You have to move on in life. Why don't you find another sport? Something new? Something that doesn't have any-

wave – Welle + except – außer + to wonder – sich fragen + to hold onto – an etwas festhalten + to let go – loslassen thing to do with Rob? There are so many wonderful sports.«

»But …« I don't know what to say. »But … I like surfing, Dad. It's what I do.«

Dad smiles at me. His smile is really sad.

»Sometimes you really **remind** me of your brother,« he **sighs**.

There's nothing more to say.

to remind – erinnern + to sigh – seufzen

Take Off

»Legt euch bitte nicht mit den Engländern an. Ich habe keine Lust, einen Anruf von der britischen Polizei zu bekommen«, sagt mein Vater, als sich die drei Familien vor dem Kühlwagen von Hans-Peter Blumenthal zum Abschied versammeln. »Ich könnte mir nichts Schlimmeres vorstellen als drei deutsche Jungs in einem britischen Jugendknast.«

»Auweia!«, stimmt ihm Bombas Vater mit schmerzverzerrtem Gesicht zu. »Bitte nicht! Die kleinen Hooligans werden euch zerfleischen!«

Bomba findet den Scherz auch zum Brüllen lustig. »Please, don't hurt us!«, witzelt er mit piepsiger Stimme. »Hol uns hier raus! We are from the *Ruhrgebiet!*«

»Im Ernst jetzt«, unterbricht meine Mutter. »Denkt dran: Finger weg vom Alkohol und macht einen Bogen um die Mädels, ja? Großbritannien hat die höchste Teenager-Schwangerschaftsrate in Westeuropa. Die Engländerinnen sind viel weiter als ihr.«

»Das hört sich vielversprechend an«, sagt Bomba grinsend.

Bombas Mutter rollt mit den Augen und gibt ihrem Sohn einen Klaps auf den Hinterkopf. »Mach keine dummen Witze!«, zischt sie. »Ich will nicht, dass wir demnächst Großeltern werden, verstanden?«

»Wir fahren wegen des Surfens hin«, beruhige ich sie. »Nicht wegen der Mädchen.«

»Ist schon klar«, sagt Bombas Vater. »Aber ich war auch mal fünfzehn. Ich weiß, was in euren hohlen Köpfen vorgeht. Ihr denkt auch nur an das eine.«

»Genau. Ans Surfen«, sage ich ohne mit der Wimper zu zucken.

Gibt's sonst noch Wünsche?

Crunchers Mutter nimmt ihren Sohn in den Arm und drückt ihn fest. »Passt einfach auf euch auf, o. k.?«

»Und versucht gelegentlich mal zu duschen«, sagt Frau Neumann. Sie umarmt Bomba, aber ihre Stimme zittert, als würde sie gleich weinen. »Ruft uns an, wenn ihr in Newquay ankommt, ja?«

»Ja klar«, erwidert Bomba, und für einen flüchtigen Augenblick habe ich den Eindruck, dass auch er Tränen in den Augen hat. »Jetzt stell dich nicht so an, Mama!«

»Seid ihr bereit?«, ruft Hans-Peter aus der Fahrerkabine. »Dann steigt ein. Ich muss los.«

Hans-Peter winkt uns zu sich hoch. Bomba, Cruncher

und ich steigen in die raumschiffähnliche Fahrerkabine. Sie ist komplett in den VfL-Farben gehalten. Ich kurble das Fenster herunter.

»Ich wünsche euch viel Spaß«, ruft mein Vater zum Abschied. »Und vor allem: gute Wellen.«

»Danke, Papa. Macht euch einen schönen Sommer!«

Hans-Peter startet den Motor und wir fahren los. Es ist ein seltsames Gefühl, meine Eltern im Seitenspiegel zu sehen, während wir davonziehen. Sie winken uns hinterher und werden immer kleiner, bis sie verschwinden.

Sobald sie außer Sichtweite sind, denke ich: Hoffentlich machen die eisigen Temperaturen hinten im Lagerraum unsere Boards nicht kaputt. Sie sind zwar in Boardbags eingepackt, aber sie werden trotzdem eiskalt. Ob Minustemperaturen Hartschaum Schaden zufügen können? Nicht dass die Glasfasern zersplittern!

Aber Hans-Peter wird das schon wissen. Es war seine Idee, die Boards hinten zu lagern. Noch ist der Lieferwagen leer. Die Ware lädt er in Newquay auf: Fischstäbchen. Fünfzigtausend. Das reicht für das ganze Ruhrgebiet.

In der Fahrerkabine sagt niemand etwas. Nicht Cruncher, nicht Bomba und auch nicht Hans-Peter. Wir sitzen zu viert da, eng zusammengepresst wie Fischstäbchen, und starren durch die Windschutzscheibe hinaus. Erst als wir an der Ausfahrt nach Essen vorbeifahren, bricht Hans-Peter die Stille.

»Also ihr seid richtige Surfer?«, fragt er.

Weder Cruncher noch Bomba machen den Eindruck, als hätten sie vor, Hans-Peters Frage zu beantworten, also spreche ich für sie, obwohl ich am weitesten von ihm entfernt sitze.

»Ja klar«, sage ich.

»Wie kommt ihr denn auf so was?«, fragt unser Fahrer nachdenklich.

»Wie meinst du das?«

»Ich meine, wir leben im Ruhrgebiet und nicht an der Atlantikküste«, sagt er.

»Schön wär's«, murmelt Bomba, ohne von der Straße aufzuschauen.

Ich zucke mit den Schultern und versuche, eine Erklärung für unser ungewöhnliches Hobby zu finden. »Keine Ahnung. Wir haben halt immer geskatet. Und dann habe ich diesen Film gesehen. ›The Endless Summer‹, mit Mike Hynson und Robert August. Echt coole Typen. Im Film machen sie eine Surfreise um die ganze Welt. Danach wollte ich unbedingt surfen.«

»Wie oft wart ihr bisher schon beim Surfen?«, fragt Hans-Peter.

»Na ja, letztes Jahr war das erste Mal«, erzähle ich ihm. »In Cap de l'Homy in Südfrankreich …«

»Das war ein Traum«, seufzt Cruncher. Man muss ihn nur ansatzweise an unseren französischen Schulausflug erinnern und schon gerät er ins Schwärmen – und zwar nicht der französischen Sprache wegen.

Hans-Peter überholt einen Autotransporter. Hinter uns bildet sich eine Schlange von Autos, die wegen des langsamen Überholmanövers abbremsen müssen. Aber Hans-Peter bleibt seelenruhig.

»Ist das nicht schwer?«, fragt er. »Ich meine, auf so einem Brett zu stehen?«

»Am Anfang schon«, sagt Bomba. »Da schluckst du erst mal ein paar Liter Wasser, bevor du überhaupt auf dem Board stehen kannst, aber das gehört einfach dazu.«

Cruncher grinst. »Erst gleiten, dann reiten.«

»Dann kannst du nicht mehr aufhören«, erzählt Bomba weiter. »Du wartest immer nur auf die nächste Welle. Die ganze Zeit. Auch wenn du nicht im Wasser bist, denkst du ständig dran. Das ist verrückt.«

»Auf einem Stück Holz zu stehen und auf dem Wasser zu fahren, finde ich auch verrückt«, sagt Hans-Peter und ordnet sich wieder in die rechte Spur ein.

»Das ist kein Stück Holz«, korrigiere ich ihn. »Das Board besteht aus Hartschaum und Glasfasern.«

Hans-Peter nickt wenig überzeugt. »Ist trotzdem komisch. Wie lange wart ihr denn da in Südfrankreich?«

»Zwei Wochen.«

»Und das reicht schon, um surfen zu lernen?«

»Ja klar«, sage ich und muss grinsen. Mein Vater hatte

recht: Mit der Verbesserung unserer Sprachkenntnisse hatte unsere Frankreichreise wenig zu tun. »Wir haben nichts anders gemacht.«

Nach fünf Stunden Autobahn, zwei Pinkelpausen an belgischen Raststätten und einer Menge deutscher Schlager – der Musikgeschmack von Hans-Peter, wohl bemerkt! – erreichen wir den Hafen von Calais. Hans-Peter lenkt seinen 7,5-Tonner Cool-Liner in eine Parkbucht.

»So, Jungs, ihr müsst jetzt aussteigen. Ihr geht da lang«, sagt er und zeigt durch die Windschutzscheibe auf einen überdachten Gang, der zur Fähre führt. Darüber steht ein Schild auf Englisch und Französisch: Foot Passengers Only / Passager Sans Véhicule. Das sind wir. »Wir sehen uns gleich an Bord. Ihr müsst eure Surfbretter mitnehmen.«

»Unsere *Boards*«, korrigiert ihn Cruncher. »Surf*boards*, nicht Bretter.«

»Für mich sind das Bretter«, schnauft Hans-Peter. »Ich bin kein Freund von Fremdwörtern.«

Wir nehmen unsere Boards aus dem Lagerraum. Sie sind eiskalt. An meiner Boardbag ist der Griff eingefroren. »Eisgekühlt hält's immer länger«, sagt Hans-Peter schmunzelnd. Als wir uns auf den Weg zum Eingang machen, merke ich, wie stark der Wind ist. Er bläst uns fast über den Parkplatz. Es ist ein Wunder, dass wir nicht abheben und zurück nach Bochum fliegen.

»Ach du Kacke! Das sieht ja richtig heftig aus«, schimpft Bomba, kurz bevor wir den Durchgang für Fußgänger erreichen.

Zwischen zwei riesengroßen Fähren erhaschen wir einen Blick aufs Meer. »Heftig« ist eher vorsichtig formuliert. Ich finde, das Wort »höllisch« würde besser passen. Das graue Meer tobt wie wild. Die schaumigen Wellen schlagen gegen die Betonmauern des Hafens und peitschen über das Geländer. Ich kann mir gar nicht vorstellen, dass bei einem so rauen Meer die Fähren überhaupt fahren dürfen.

Scheinbar schon, denn über die Lautsprecheranlage ertönt eine höfliche Stimme: »Would all passengers for the *Pride of Dover* please board the ferry. Departure time is in fifteen minutes. We hope you have a **pleasant** crossing.«

Das wünsche ich uns auch. Hauptsache, wir kommen an den weißen Felsen von Dover lebend an.

pleasant – angenehm

A Ticket to the North Shore

»So what is it you want to talk to us about, Ethan?«

Ethan closes the door behind him. We're standing in the **storeroom** of the British Surf Association, the place where Ethan works. I have no idea why Ethan wants to talk to us here. It seems he doesn't want anyone else to hear. I guess it's a **secret**.

Ethan checks the door is closed. Then he turns to us and says: »Listen, what we say in this room is between you two and me. Not a word about this to anyone, alright?«

»Yeah, fine,« Maddy says.

Ethan looks at me. »And you, Ash?« he asks. »I've got to **trust** you on this …«

»Yeah. OK … What's going on?«

Ethan takes a second to focus, then he says, »Maddy, you always wanted to go to Hawaii to surf, right?«

storeroom – Lagerraum + secret – Geheimnis + to trust – vertrauen

Maddy **nods**. »I wouldn't say no.«

»And you, Ashley ... you told me that one day you want to surf the **North Shore**. That's your dream, right?«

I nod, too. »Yes, it is ...«

Ethan's eyes are **shining** like sunlight on water. »OK,« he says. »I have this idea that can help us get to Hawaii. All three of us. The North Shore doesn't just have to be a dream. Not for us. My plan can take us right there.«

Maddy laughs. »Sounds good. So what do we have to do?«

»Do you know the film ›Point Break‹?« he asks.

»With Keanu Reeves and Patrick Swayze?« Maddy says. »The one when they **rob banks** wearing masks of U.S. presidents?«

»Yeah, that's the one.«

»Of course we know it,« I say. Anybody who has anything to do with surfing knows ›Point Break‹. It's a classic. In ›Point Break‹ a gang of surfers uses the money they've stolen from banks to travel around the world and go surfing. It's the ultimate surfer movie.

All of a sudden I get this really bad feeling in my stomach. »That's not your idea, is it?« I ask Ethan. »You don't **seriously** want to rob a bank?!«

Ethan doesn't say anything. He just looks at me.

to nod – nicken + The North Shore – eines der bekanntesten Surfgebiete der Welt, an der Nordküste von Hawaii + to shine – glänzen + to rob a bank – eine Bank überfallen + all of a sudden – auf einmal + serious / seriously – ernst

Oh my God! I'm right. He is serious!

»Do you really expect me and Maddy to put on some stupid masks and rob a bank with you?« I say. »That's **insane!**«

Ethan holds up his hands. »Wait ... Just listen to me, will you, Ashley? We don't need masks or **guns**. We just need 10 seconds ... 10 seconds to get me inside the bank where my aunt works. It's easy.«

I can't **believe** this. »You want to rob the bank where your aunt works?!« I say, slightly too loud for Ethan's liking. »You must be crazy!«

I take a step towards the door. I've heard enough. I don't want to hear the details. But before I can unlock the door, Maddy grabs my hand and holds me back.

»No, wait,« she says in a **strangely** quiet voice. »Let's just listen to what Ethan has to say.«

What?! Maddy actually wants to hear this crazy plan?

»Go on,« she says to Ethan. »We're listening.«

»It's simple,« he continues. »I can get hold of my aunt's security card – that's the easy part. I give her a fake copy in its place. Just for one day. At the bank, they'll think the **replacement** card has a defect or something. They'll let Heather in anyway. But I can't just walk into the bank with my aunt's security card. I don't want anyone seeing

insane – verrückt / wahnsinnig + gun – Waffe + to believe – glauben + strangely – merkwürdig + replacement – Ersatz me. I need something to **distract** everyone in the bank. The distraction needs to be just long enough for me to get through the side door. Then I need a second person to block the view of one of the **security cameras** with a surf board. That's important, too.«

»I can create a distraction,« Maddy says. »I can make a scene.«

Oh, Maddy! What are you thinking?!

»Good,« says Ethan. »All we have to do is be at the bank a few minutes before closing time. You create the distraction, and I get into the bank via the side door. And that's it! After that, I just spend the night in the storeroom und wait until the **cleaners** come in the morning. When they come, they **turn off** the alarm system. That way they can move around the bank freely and clean everything. That will give me just enough time to get into the **safe** - with my aunt's security card. Then I just take the money and get out of the building before the bank opens again at 9 am.«

»There is one small thing,« I object. »Robbing banks is illegal.«

»Oh, come on, Ashley! Stop being so moralistic,« Ethan says. »The money is **insured**. It doesn't cost the bank a thing. There are 10,000 pounds in the overnight

to distract – ablenken + security camera – Überwachungskamera + cleaners – Reinigungkräfte + to turn off – ausschalten + safe – Tresor + insured – versichert safe. 10,000 pounds! That money is our ticket to the North Shore!«

Ethan looks at me. »So what do you say, Ashley? Are you in on this?«

I shake my head. »No, Ethan. I am not.«

He turns to Maddy. She's looking at him with these big round eyes that are just so full of love.

»What about you, Maddy? Will you do it? Will you go with me to Hawaii?«

Maddy looks from Ethan to me, then back to Ethan. Then she nods and says: »OK. Tell me what I have to do …«

Top-to-Bottom

Ich habe mich noch nie in meinem Leben so oft übergeben. Die Überfahrt nach England war schlimmer als ein Termin bei einem grobschlächtigen Zahnarzt, der zur Hochform aufläuft. Neunzig Minuten lang musste ich mir eine Plastiktüte über den Mund stülpen. Ich bin so froh, als ich wieder festen Boden unter meinen Füßen spüre. Ich könnte den britischen Asphalt küssen.

»Das mache ich nie wieder«, grunzt Bomba, der genauso aussieht, wie ich mich fühle.

»An die Rückreise denken wir jetzt mal lieber nicht«, meint Cruncher.

Mit wackeligen Beinen tragen wir unsere Boards von der Fähre und gehen durch den britischen Zoll. Die Passagiere vor uns werden von den herumstehenden Zollbeamten direkt durchgewunken. Kein einziger Rucksack wird überprüft, kein Rollkoffer geöffnet. Die Beamten sehen vollkommen gelangweilt aus, als hätten sie eigentlich etwas Besseres zu tun.

Zumindest, bis wir drei auftauchen.

Auf einmal springt ein dicker Zollbeamter auf und winkt uns zu sich rüber. »Excuse me, gentlemen! Could you come over here, please?«

»Was will er von uns?«, flüstert mir Bomba misstrauisch zu. »Und warum nennt er uns ›gentlemen‹?«

»Keine Ahnung.« Ich kann mir nicht vorstellen, dass drei 15-jährige Jungs aus Bochum eine besonders große Terrorgefahr darstellen. »Aber benimm dich.«

»Ich benehme mich doch immer.«

Cruncher, Bomba und ich folgen dem Zöllner in ein Nebenzimmer. Ein Tisch steht mitten im Raum. Ansonsten ist das Zimmer karg und leer. Der Mann geht auf die andere Seite des Tisches und grinst.

»Did you have a bit of a **rough crossing**, gentlemen?«, fragt er. »It's quite stormy out there today. Up and down, up and down. I **hate** it when the sea is like that.«

»It was fine«, sage ich knapp. Ich habe keine Lust auf Small Talk. Wir müssen weiter, sonst fährt Hans-Peter noch ohne uns. Außerdem glaube ich nicht, dass der Herr in Blau uns reingebeten hat, um sich mit uns über das Wetter zu unterhalten.

»Are you **travelling** alone?«, fragt er uns.

Der Einzige hier im Raum, der allein unterwegs ist, ist er.

rough crossing – raue Überfahrt + to hate – hassen + to travel – reisen

»We are three people«, sage ich und deute auf meine zwei Freunde. »We are travelling together.«

»No adults?«, fragt er nach.

»No. Only us.«

Der Zöllner mustert unsere Boards kritisch. »What do you have in those bags, gentlemen?«

»Na was wohl?«, murmelt Bomba. »'ne XXL-Unterhose?«

Dem Beamten gefällt es offenbar nicht, wenn wir deutsch miteinander sprechen. »Sorry?«, fragt er sichtlich genervt. »Did you say something?«

»He just said, they are our surf boards«, antworte ich schnell. Ich will dem Beamten nicht auf die Füße treten. Ich muss an die Worte meines Vaters denken: »Ich könnte mir nichts Schlimmeres vorstellen, als drei deutsche Jungs in einem britischen Jugendknast.« Ich habe mich gerade erst vom stürmischen Ärmelkanal erholt, jetzt will ich nicht auch noch von der britischen Justiz hochgenommen werden.

Der Zöllner nimmt meine Übersetzung an und nickt nachdenklich. »You're surfers?«, fragt er mit beeindruckender Transferleistung.

»Yes. That's right.«

»Where are you travelling to, gentlemen?«

»To Newquay.«

»Newquay ...«, wiederholt der Beamte und nickt, als

bräuchte er die Kopfbewegung, um die Informationen zu verarbeiten. »And how are you travelling there?«

»We are here with a friend in an … Lkw«, sage ich auf Deutsch. Ich habe keine Ahnung, was Lkw auf Englisch heißt.

Der Beamte hebt misstrauisch eine Augenbraue. »An L-car-way?«

»Yes. You know, a big car for transporting things.«

»You mean a lorry?«, sagt er.

Genau. Dann ist ja jetzt alles geklärt und er kann uns wieder gehen lassen. Doch das Gegenteil passiert.

»Would you please open the bags?«, verlangt der Mann.

Ich verstehe nicht. »You want us to open these?«, wiederhole ich und deute auf mein Board.

Der Beamte nickt ruhig. »Yes. That's what I said …«

Bomba ist auch ziemlich verblüfft. »But they are just surf boards«, sagt er. »You know … for surfing.«

Der Beamte bleibt hartnäckig. »I already understood that, sir. But I still want you to open them.«

Jetzt sind wir nicht mehr »gentlemen«, sondern sogar »sirs«. Diese Steigerung macht mir Angst.

»Kommt. Lasst uns die Dinger rausholen«, sage ich. »Dann sind wir hier schneller fertig.«

Zu dritt packen wir unsere noch tiefgekühlten Boards aus den Surftaschen und legen sie auf den Tisch. Der

Zöllner lässt seine Fingerspitzen über die glatte Oberfläche von Bombas Board gleiten.

»Why are they so cold?«

»Because our friend's lorry is freezing«, antworte ich.

Der Beamte hebt wieder skeptisch eine Augenbraue, dann beugt er sich vor und fängt an, gegen Bombas Board zu klopfen. Dabei horcht er, als würde er etwas suchen.

»Was macht er da?«, flüstert mir Bomba zu.

»Keine Ahnung ... Qualitätsprüfung?«

»Der spinnt doch.«

Als der Mann dann auch noch Crunchers Board unter die Lupe nimmt, fange ich ernsthaft an, an seinem Verstand zu zweifeln. Er klopft Crunchers Board von der **Nose** bis zum **Tail** ab. Dann nimmt er sich mein Board vor. Und wieder die gleiche Prozedur. Nur, diesmal findet er etwas. Knapp unter der mittleren Finne erstarrt er. Er klopft mit den Fingerknöcheln mehrmals auf die gleiche Stelle und horcht. Dann richtet er sich wieder auf.

»Whose board is this?«, fragt er und schaut einen nach dem anderen an.

»It's mine«, gebe ich zu.

»What's inside the board?«

Wieder verstehe ich die Frage nicht. Was soll da drin sein? Fertigpizza?

nose / tail – Spitze und Heck des Surfbretts

»Ähm … it's made of *Hartschaum*«, erkläre ich. Auch das englische Wort für Hartschaum gehört nicht zu meinem aktiven Wortschatz. »Hard **foam**?«, probiere ich.

Der Beamte nickt, bleibt aber skeptisch. »But it's hollow.«

Hollow? Jetzt bin ich wirklich überfragt. Was heißt denn das?

Doch bevor ich nachfragen kann, winkt mich der Beamte rüber. »Come here. Listen to it yourself. It's as hollow as a nut.«

Er klopft auf das Board, wieder von der Nose bis zum Tail. Alles hört sich gleich an, bis er die Stelle knapp unter der mittleren Finne erreicht. Der Beamte hat recht. Es hört sich tatsächlich an, als wäre es hier hohl. Ich verstehe das nicht.

Der Zöllner nimmt sein Funkgerät und ruft einen Kollegen an: »Bring one of the dogs.«

Nach wenigen Sekunden taucht ein zweiter Typ auf – diesmal ein richtiger Polizist, ausgestattet mit Maschinengewehr und kugelsicherer Weste. Er hat einen Spürhund an der Leine.

»Which object?«, fragt der Neue direkt.

Der Zollbeamte zeigt auf unsere Boards. »All three of them …«

foam – Schaum

Der Polizist mustert kurz die Boards, dann befiehlt er uns: »Put them on the floor!«

Wir führen das Kommando aus und legen die drei Boards auf den Boden. Der Hund fängt an, alles zu beschnuppern. Als er die Stelle unter der Finne erreicht, flippt er völlig aus. Er bellt wie verrückt, bis sein Herrchen ihn mit einem Leckerli belohnt.

»You've got a hot one here«, sagt er seinem Kollegen vom Zoll.

Der Beamte verschwindet in den Nebenraum und kommt kurz darauf mit einer kleinen Akkusäge in der Hand zurück. »I'm afraid we're going to have to **cut** this one **open**«, sagt er entschuldigend.

Was? Er will mein Board aufschneiden? Das geht nicht!

»Y-y-you can't do that!«, stammle ich erschrocken. »It's ... it's my board!«

Das scheint den Beamten wenig zu beeindrucken. Er testet kurz die Akkusäge. Sie funktioniert. »I'm sorry, but I don't have a **choice**«, widerspricht er mir.

»But ... but the board cost me 250 euros!«

Mein Appell ist vergeblich. Auch die konkrete Benennung des gesamten Wertes lässt den Mann völlig kalt. »I'm sure you can repair it afterwards, sir«, sagt er und setzt die surrende Klinge an.

to cut open – aufschneiden + choice – Wahl

Ich schließe die Augen. Ich kann nicht zusehen, wie mein Board zerstört wird. Ich höre nur das knirschende Geräusch, als die Säge durch die Glasfaser schneidet. Auch der Hartschaum bietet kaum Widerstand. Kurz darauf schaltet der Beamte die Säge aus und sagt: »Now what do we have here?«

Ich öffne meine Augen. Mit den Fingerspitzen entfernt der Zöllner einen kleinen blauen Gegenstand aus dem Loch im Hartschaum. Er hält ihn im Licht hoch und mustert seinen Fund irritiert. Es handelt sich um eine kleine blaue Figur. Einen Schlumpf.

»What in the world is that?«, fragt er fassungslos.

»Ein Schlumpf«, antwortet Bomba, als wäre die Frage vollkommen überflüssig.

»A smurf?«, wiederholt der Beamte auf Englisch. »What is a smurf doing in your surf board?«

Bomba kann es sich nicht verkneifen: »Maybe it's a *smurf*board?«

»I have no idea where it's from«, sage ich ehrlich. Der **Shaper** muss sich einen Spaß erlaubt haben. Allerdings kenne ich den Shaper nicht. Das Board habe ich letztes Jahr in Frankreich in einem Laden gekauft.

Der Zollbeamte schüttelt verständnislos den Kopf und überreicht mir den blauen Schlumpf. »I'm sorry about

shaper – Surfboardhersteller

that«, sagt er entschuldigend. »Last week we had someone coming into the country with a surfboard full of **drugs**.«

»Nicht schlecht!«, sagt Bomba im Flüsterton. »So hätten wir uns eine ganze Weltreise finanzieren können.«

Cruncher kneift ihn in die Seite. »Das ist nicht lustig, Bomba«, zischt er ernst.

»I'm very sorry about the **damage** to your board, sir«, sagt der Beamte. »How much do you think it will cost to repair it?«

»I don't know«, antworte ich und begutachte das Loch in der Unterseite des Boards. »Maybe 50 euros?«

»No, it will cost at least 150 pounds!«, unterbricht mich Cruncher. »It's a really big hole. It's very expensive to repair something like that.«

Der Zollbeamte holt ein Heft aus seiner Innentasche und sagt: »OK, sir, I'm going to write you a **cheque** for the damage. From Her Majesty's Revenue and Customs. **Payable to** ...?«

Das geht mir viel zu schnell. Was will er checken? Und was hat es mit »Her Majesty« zu tun? Bekomme ich jetzt einen Beschwerdebrief von der Queen, oder was?

»Your name, sir«, wiederholt der Beamte. »Who can I make the cheque payable to?«

Erst dann verstehe ich, dass er uns einen Scheck und

drugs – Drogen + damage – Schaden + cheque – Scheck + payable to – zahlbar an keinen Check ausstellen will. »My name is Moritz, Moritz Ganscher.«

Der Beamte füllt den Scheck aus und überreicht ihn mir. »Here you are, Mr Ganscher. I'm sorry for the **delay**. And I do hope your board will be OK.«

»No problem«, sage ich und betrachte ungläubig den Scheck in meinen Händen.

Dank Crunchers Schlagfertigkeit sind wir jetzt um 150 Pfund reicher. Der Urlaub ist gerettet!

delay – Verspätung

Breaking Point

Maddy has stopped talking to me. I haven't spoken to her for three days. Three whole days! At school, she does everything she can to **avoid** me. She walks the other way when I see her, she **disappears** during **lunch break**, she goes home straight after school. She doesn't even answer my **text messages**. I've called her about a hundred times at home, but she never answers. When I go around to her house, her mum says she's not in.

I know why she doesn't want to talk to me, of course. It's because of Ethan.

But on Thursday afternoon, I know where I can find her. I go down to Fistral Beach. I can see her out on the waves with Ethan. The waves are not bad today. Maddy is doing some nice stuff. After about half-an-hour she comes in. Ethan stays out surfing. As soon as Maddy is out of the water, I go straight up to her on the beach.

to avoid – vermeiden + to disappear – verschwinden + lunch break – Mittagpause + text message – SMS

»I need to talk to you,« I say.

Maddy just ignores me. She walks **straight** past me, as if I weren't there. I grab her arm and hold her back.

»Maddy? Why are you avoiding me?«

»I'm not avoiding you,« she answers, but she can't look me in the eye.

»You don't even answer my calls.«

»My phone is broken,« she says, and I know that's not true.

»Is this because of Ethan?« I ask her. »You are not seriously thinking of doing this crazy bank job with him are you?«

»It's not crazy!« says Maddy. »It's actually quite a clever idea. It's so simple.«

»But it's **theft**, Maddy!«

»You heard Ethan: the money in the bank is insured. It won't cost anybody anything. What's the problem?«

I can't believe this. It's like Maddy has become another person. And it's all because of Ethan. The more time they spend together, the more Maddy changes. I hardly **recognize** her any more these days.

»The plan is perfect,« Maddy says. »Nothing can go wrong.«

»Unless you end up in **prison**.«

straight – geradewegs + theft – Diebstahl + to recognize – erkennen + prison – Gefängnis

Maddy pulls a face. »You're just **jealous.**«

»Jealous?« I laugh. »Of what?«

»Because Ethan and I will be going to the North Shore together,« she says like a little kid. »Without you.«

»Hi, girls! Everything OK?«

Ethan has just come out of the water. He's standing right behind us with his board under his arm.

»Yeah. We're fine,« Maddy says quickly, though it's quite clear she's **in a bad mood.**

Ethan nods out to the sea. »Good surf today. I bet the waves are even better at Pinnacles. Do you girls want to go over there?«

»Good idea,« says Maddy and starts walking back to the road. »We better hurry up before the waves **die down** …«

Ethan looks at me and asks: »What about you, Ashley? Do you want to come with us?«

»No, it's OK,« I say, watching Maddy walk over to the car park.

»Well, if you **change your mind**, you know where to find us,« says Ethan in a really friendly way. Then he runs after Maddy.

This is terrible. I feel like I'm **losing** a friend.

jealous – neidisch + to be in a bad mood – schlecht gelaunt sein + to die down – nachlassen + to change one's mind – es sich anders überlegen + to lose – verlieren

Drop In

»Sie haben Ihr Ziel erreicht.«

Die Stimme kommt nicht aus einem Navi, denn Hans-Peter hat überhaupt keins, sondern sie ist in meinem Kopf. Genau das denke ich, als ich endlich den Atlantischen Ozean vor mir sehe. Wir sind angekommen. Der Cool-Liner hält auf dem Parkplatz am Fistral Beach und wir steigen aus. Ich hole tief Luft und rieche das Meer – frisch und salzig. Der Ausblick enttäuscht nicht. Vom Parkplatz aus hat man eine tolle Sicht auf die weite Bucht. Der Strand ist ungefähr zwei Kilometer lang und voller Urlauber. Im Wasser sind jede Menge Bodyboarder, die sich auf ihren Mini-Brettern treiben lassen. Weiter draußen sind die echten Surfer. Davon gibt es deutlich weniger. Umso besser für uns.

Cruncher bringt es genau auf den Punkt. »Willkommen im Paradies!«, seufzt er zufrieden.

»Die Wellen sehen gut aus«, sage ich. »Der ***Break**** ist ziemlich weit draußen.«

* Alle Surfbegriffe sind im Glossar am Ende des Buches zu finden.

»Guter *Swell* heute«, sagt Cruncher. »Perfekte Bedingungen.«

»Es fehlt nur noch die Sonne«, seufzt Bomba mit traurigem Blick auf den bedeckten Himmel. »Das Wasser ist bestimmt arschkalt. Da friere ich mir die Kronjuwelen ab!«

»Stell dir vor, wie deine Kronjuwelen aussehen werden, wenn wir dich heute Nacht aus dem Zelt aussperren«, sage ich. »Wir sind in England, nicht auf Hawaii, du Warmduscher! Wofür braucht man Sonne, wenn man Wellen hat?«

»Ich muss jetzt weiter, Jungs. Die Fischstäbchen warten auf mich.«

Hans-Peter streckt uns die Hand entgegen. Ohne ihn wären wir gar nicht hier. Ohne ihn wäre mein Board noch kaputt. Er hat es notdürftig repariert und das Loch mit Silikon aufgefüllt. Ich hoffe, es hält. Ich werde es gleich herausfinden.

»Danke, Hans-Peter. Danke für alles.«

Wir verabschieden uns von unserem tollen Chauffeur und dann ist es endlich so weit. Seit Monaten warten wir auf genau diesen Augenblick. Das heilige Wasser, die göttlichen Wellen, der himmlische Ozean!

Cruncher sagt die magischen Wörter: »Lasst uns wellenreiten gehen!«

Mit unseren Rucksäcken auf den Rücken und den

Boards unter den Armen laufen wir über den Strand. Doch bevor wir rauspaddeln können, müssen wir einen sicheren Ort für unser Gepäck finden. Ich spreche ein altes Ehepaar an, das am Strand sitzt. Sie sehen nicht aus, als hätten sie vor, bald zu gehen. Im Gegenteil. Um ihre Klappstühle herum haben sie eine kleine Festung aufgebaut: Im Halbkreis stehen ein Windschutz, ein Sonnenschirm und ein kleines Zelt. Im Zelt befinden sich zwei Kühlboxen und ein Picknick-Korb. Sie haben genug Vorräte, um alle möglichen Eventualitäten zu überleben, inklusive den Weltuntergang. Und sie sind ganz freundlich. Natürlich dürfen wir unsere Rucksäcke bei ihnen deponieren, sagen sie. Wahrscheinlich freuen sie sich über den zusätzlichen Windschutz.

»Good weather for surfing«, bemerkt der alte Mann, als wir unser Gepäck neben ihrem Zelt ablegen und unsere Neoprenanzüge anziehen. Die Vorfreude ist groß.

»Yes, we're lucky«, stimme ich ihm zu und überlege, ob mein Board doch noch ein bisschen Wachs braucht.

»Maybe I'll **join** you later«, sagt der Alte ohne mit der Wimper zu zucken. »I could give you grommets a lesson or two.«

Bomba runzelt die Stirn. »Was heißt denn *Grommet*?«, fragt er.

to join – sich anschließen

»Anfänger«, erkläre ich. »Er hat dich durchschaut.«

Die alte Dame lacht, als wüsste sie über die magischen Kräfte ihres Mannes Bescheid. Die hätte er tatsächlich nötig, wenn er wirklich mit uns surfen wollte. Der Mann ist ungefähr hundert Jahre alt.

Ich lehne das Angebot dankend ab und schnappe mir mein Board. Zu dritt laufen wir wie die Baywatch-Boys ins Wasser und bekommen einen Schreck. Bomba hatte recht: Die Wassertemperatur liegt eindeutig unterhalb der Schmerzgrenze. Sibirisch!

Als das eiskalte Wasser in meinen Neoprenanzug hineinsickert, schnappe ich nach Luft, besonders, als es den sensiblen Bereich unter der Gürtellinie erreicht. Ich werde fast ohnmächtig. Aber was soll's? Ich lasse mir nichts anmerken und paddle schnell weiter. Als der anfängliche Schock nachlässt, geht es schon besser. Die Wasserschicht zwischen Haut und Neo wird schnell wärmer und die Kälte schwindet allmählich.

An unserem ersten Tag in Newquay haben wir wirklich Glück. Die Wellen werden immer größer, bis sie fast zu ***Overheads*** werden. Sie brechen in perfekten C-Formen über unsere Köpfen. Der ***Pointbreak*** ist ziemlich lang, und es gibt genug Platz für alle, auch wenn immer mehr Surfer dazustoßen. Außerdem hält der ***Offshore-Wind*** die Wellen richtig hoch. Wir paddeln und ***duckdiven*** durch die heranbrechenden Wellen. Ich merke sofort, dass es lange her ist, dass ich zum letzten Mal gesurft habe: Meine Arme und Schultern fangen sofort an zu brennen.

Endlich erreichen wir den ***Line-Up***. Da warten schon die anderen Surfer. Wir setzen uns auf unsere Boards und halten nach der nächstbesten Welle Ausschau. Es dauert nicht lange, bis sie auftaucht. Neben mir paddelt ein ***Local*** sie an, aber ich entscheide mich dagegen: Die Welle ist eine Nummer zu groß für mich. Bomba ist anderer Meinung und paddelt mutig drauflos. Aber er kommt nicht mal zum Aufstehen. Die Welle schlägt einfach über ihm zusammen und er kassiert die erste ***Waschmaschine*** des Sommers.

Ich warte, bis ich *meine* Welle sehe: nicht zu groß, aber dafür schnell. Als es so weit ist, lege ich mich hin und fange an zu paddeln, was das Zeug hält. Auf einmal spüre ich die Welle unter mir. Sie nimmt mich mit. Ich stehe auf. Mein Körper weiß, was er zu tun hat. Das Gleichgewicht stimmt. Die Welle trägt mich immer schneller. Es ist, als würde ich fliegen. Zumindest, bis die Welle stirbt. Dann springe ich runter und stehe im hüfthohen Wasser. Es war die perfekte erste Welle. Ich will mehr.

Mein Wunsch geht in Erfüllung. Die Wellen kommen. Sie sind nicht nur kraftvoll, sondern laufen regelmäßig wie eine Schweizer Uhr. Ich werde immer mutiger und traue mich an größere Wellen heran. Immer wieder falle ich vom Brett oder werde verschluckt, aber es macht mir nichts aus. Doch nach zwei Stunden passiert etwas Komisches. Ich habe gerade eine wunderschöne Welle entdeckt. Ich fange an zu paddeln und fahre los. Ich bin kaum zwei Meter gefahren, als mich jemand anbrüllt: »Hey! Don't **snake**! This is my wave!«

Ich schaue mich um und falle fast vom Board. Ein Surfer steht unmittelbar vor mir und blickt mich entsetzt über die Schulter an. Wo kam der denn her?

Er ist älter als ich, ich schätze ihn auf achtzehn oder neunzehn, sein Board ist superkurz. Er fährt richtig gut, wie ein Pro-Surfer. Und er sieht sauer aus.

»You snaked, man!«, beschwert er sich wieder. »I was here first!«

Bevor ich mich verteidigen kann, dreht er sich aus der Welle heraus und verschwindet. Ich schaue ihm kurz hinterher und verliere dabei das Gleichgewicht. Voll der ***Wipe-Out***. Als ich vom Board falle, sehe ich, dass ein zweiter Surfer links von mir steht. Doppeltes Pech. Ich knalle auf die Nose seines Boards und schicke ihn kopfüber ins Wasser. Wir tauchen beide unter. Im Gerangel wickelt sich meine **Leash** um seinen Arm. Für einen kurzen Augenblick sind wir aneinander festgebunden. Zum Glück befreit er sich ziemlich schnell.

to snake – vor jemand anderem die Welle nehmen + leash – Surfleine, mit der das Brett am Fuß befestigt wird

»Watch out, **mate**!«, schimpft er, als wir wieder auftauchen. Er schnappt sein Board und paddelt weg. »Look where you're going next time!«

Wie peinlich! Gerade erst angekommen und schon zwei Locals zu Feinden gemacht. Die Locals muss man immer respektieren, das habe ich schon in Frankreich gelernt. Sie haben immer Vorfahrt. Das hier ist *ihr* Jagdgebiet. Du bist nur Gast. Ein Touri. Du hast hier nichts zu sagen. Am besten hältst du dich von ihnen fern. Zumindest im Wasser. Dann passiert dir auch nichts. Ansonsten hast du schnell mal eine Nose im Nacken.

Danach passe ich besser auf. Nach einer ziemlich langen **Session** bin ich ganz schön kaputt. Ich habe Hunger. Ich gebe Cruncher und Bomba ein Zeichen, dass ich rausgehen will. Sie schließen sich mir an. Zusammen kehren wir zurück zu unserem alten Ehepaar.

»Good surfing?«, fragt mich die Frau.

Ich nicke und bin noch völlig außer Puste.

»You can say that loud!«, trällert Bomba begeistert, wobei ich mir nicht wirklich sicher bin, ob das die richtige Übersetzung für »das kannst du laut sagen« ist.

Offenbar nicht, denn die alte Dame runzelt verwirrt die Stirn, als würde sie sich über Bombas seltsame Aufforderung wundern. Dann wiederholt sie ihre Frage wie

mate – Kumpel + Session – Zeit, die man surfend im Wasser verbringt gewünscht – laut und deutlich –, als wären wir taub. »I asked you IF THE SURFING IS GOOD TODAY … YOU UNDERSTAND?«

Bomba versteht nur Bahnhof. »Warum brüllt sie uns an?«

Ich ignoriere ihn und beantworte ihre Frage: »Yes, it was great.«

Ihr Ehemann zeigt an uns vorbei. »I think somebody wants to talk to you.«

Ich drehe mich um und sehe den Surfer, den ich vorhin abgedrängt habe. Der Typ, der aus dem Nichts kam. Jetzt steuert er mit großen Schritten auf mich zu, sein Board unterm Arm.

Oh nein! Er ist bestimmt Karatelehrer oder Kickboxer!

Aber statt mich zu schlagen, stellt er sein Board vor uns ab und streicht seine langen nassen Haare aus dem Gesicht. Er holt kurz Luft und lächelt mich freundlich an.

»Hi, there! Do you remember me?«

Klar, erinnere ich mich an ihn. »Yes … I'm sorry about snaking you back there«, entschuldige ich mich sofort. Schließlich war ich daran schuld.

Aber der Junge schüttelt den Kopf und winkt mit seiner freien Hand ab. »No, no … It's me who should say sorry«, sagt er. »I shouldn't have shouted at you like that.«

Ich bin völlig überrascht. Ein Local, der sich entschuldigt? Das gibt's doch nicht!

»It's OK«, sage ich. »You were right. It was my fault. I didn't look.«

»Yeah, but still …«, fährt der Junge fort. »That's no **reason** to shout at someone, is it? I mean, it's pretty full out there today.«

Der Junge hat ein sehr freundliches Gesicht. Wenn er lächelt, werden seine Augen ganz schmal, wie die eines Asiaten. Er hat lange blonde Haare und ein spitzes Kinn mit einem kleinen Bart unter der Unterlippe. Außerdem hat er ein ziemlich cooles Board. Es ist ganz kurz und hat ein super Design: An der Spitze steigt ein Vogel aus brennenden Flammen empor. Oder ein Phönix aus der Asche? Auf jeden Fall sieht es wirklich klasse aus.

»So what do you say?«, sagt er und reicht mir die Hand. »Are we friends?«

Ich zögere kurz, aber nur weil ich vollkommen überrascht bin. Ein Local, den *ich* gesnakt habe, bietet *mir* die Freundschaft an? Was kommt als Nächstes? Schweine, die fliegen können?

Ich nehme sofort seine Hand. »Sure … of course … My name is Mo.«

Er lächelt. »Cool. Nice to meet you. My name's Ethan.« Dann deutet er mit dem Daumen über die Schulter. »The waves are good today, aren't they?«

reason – Grund

»You can say that loud!«, wiederholt Bomba sein sprachliches Glanzlicht.

Ethan schaut ihn schief an und runzelt die Stirn.

»Is it always like this here?«, frage ich schnell.

Ethan grinst. »No, **unfortunately** not. We have good days and bad days, usually more bad days than good days ... Where are you guys from anyway?«

»From Germany«, antwortet Cruncher.

»Cool. Whereabouts in Germany?«

»Do you know a place called Bochum?«, erklärt Bomba stolz. »That is our *Heimat.*«

»Bochum?« Ethan überlegt kurz. »No .. I've never heard of it ... Is it near Munich?«

»Bäh! No way!«, schimpft Bomba entsetzt. »Bochum is much nicer than Munich!«

Ethan nickt unsicher. »OK ... fine ... So how long are you guys staying here for?«

»For six weeks«, antworte ich.

»And where are you staying?«

»We're camping.«

»Cool. At which **camp site**?«

»Ähm ... we don't have a camp site«, erklärt Cruncher verlegen. »We'll just camp here on the beach. Or up there, on the **cliff.**«

unfortunately – leider + camp site – Campingplatz + cliff – Klippe

Ethan lacht. »Sorry, guys! That's not a good idea«, widerspricht er amüsiert. »We're in England, not Outer Mongolia! You can't just camp anywhere you want to here. We get five million tourists coming to Cornwall every year. It would be chaos if they all just camped wherever they wanted.«

Hm. Da ist was dran. Aber für unsere finanzielle Situation könnte es verheerend sein. »We looked in the Internet at the prices for camp sites here«, erkläre ich. »They are soooo expensive. We can't **afford** it.«

Ethan überlegt kurz, dann sagt er: »I tell you what ... I live with my aunt in Newquay. She's got a garden at the back of the house. You can camp there, if you want.«

Das klingt nach einem richtig guten Angebot!

»Really?«, staunt Cruncher.

»Do you also have a toilet?«, fragt Bomba schnell nach.

Ethan lacht. »Yeah, and **running water**, too! You can use the shower and the kitchen as well. My aunt is really cool. We always have people staying with us.«

Ich kann unser Glück kaum fassen. »That would be great«, nehme ich das Angebot begeistert an.

Ethan klemmt sein Board wieder unter den Arm. »I have to go to work now«, sagt er und zeigt über den

to afford – sich leisten + running water – fließendes Wasser

Strand auf die Nordseite. »See that **building** over there? That's the British Surf Association. I work there. I'm a surf instructor. Just come around there later, like at 5 o'clock. That's when I finish work. Then I can take you back and **introduce** you to my aunt.«

»Thanks a lot, Ethan«, sage ich und gebe meinem neuen englischen Freund die Hand.

»See you later«, erwidert Ethan und schlendert über den Strand zur Arbeit.

Das ist echt der Wahnsinn. Wir haben nicht nur gleich am ersten Tag den nettesten Pro-Surfer von ganz Cornwall kennengelernt, er wird uns auch eine Bleibe besorgen. Was für ein supercooler Typ!

building – Gebäude + to introduce – vorstellen

Last Try

After school finishes, I go to the BSA where Ethan works. I'm going to try one last time to **put an end** to this craziness.

»I need to talk to you,« I tell him.

Ethan takes me into the storeroom at the back of the house and locks the door behind us.

»What is it?« he asks immediately.

I decide **to get straight to the point**: »Are you really going to do that bank thing with Maddy?«

Ethan shrugs his shoulder. »Yeah. Why not?«

»Uhm ... Because it's illegal?« I remind him.

»What exactly does ›illegal‹ mean to you, Ashley?« asks Ethan, and I can hear that he's **annoyed**. »I mean, do you think it's right that the British **government** gives millions of pounds to corrupt African dictators every year, most of which is NOT spent on helping the **poor** but on big houses

to put an end to something – einer Sache ein Ende setzen + to get straight to the point – direkt zur Sache kommen + annoyed – verärgert + government – Regierung + the poor – die Armen and Mercedes Benz for the people in the government? Is that what you mean by ›illegal‹? Or what about the banks who speculate and play high-risk games with the money of ordinary people? Now, to me, that is illegal …«

»That just sounds like an **excuse** to me,« I say.

Ethan thinks about this for a second. Then he says: »I'm eighteen years old, Ashley. I've never been outside of this country. I can't spend my whole life surfing in Cornwall. If I don't get to the big waves soon, I'm going to die. I can't spend the rest of my life living with Aunt Heather in Penzance Road … And I don't want to end up like my parents …«

Ethan's dad **ran off with** another woman when Ethan was a kid. His mum never got over it. She had a **breakdown** and ended up in some clinic in London. She still lives there today.

»OK, fine,« I say, **backing down**. »If you really think you have to do it, then do it. But, please, just leave Maddy out of it.«

»Why? If Maddy wants to surf the North Shore with me, then she can. It's her **choice**. I'm not **forcing** her to do this. She's doing it for herself, not for me.«

»You're **taking advantage of** her,« I say, trying to stay calm.

excuse – Ausrede + to run off with someone – mit jemandem durchbrennen + breakdown – Zusammenbruch + to back down – einlenken + choice – Wahl + to force – zwingen + to take advantage of someone – jemanden ausnutzen

»No, I'm not!« cries Ethan, and there is **anger** in his voice. »I'm giving her the chance to surf the best waves in the world! What's bad about that? Maddy is old enough to know what she wants. If she wants to do this, there's nothing you can do about it.«

I don't say anything to that, because Ethan is right. Maddy is old enough to decide for herself.

»You know, she only wants to help you because she's in love with you,« I tell him. »She'd do anything for you. Anything ...«

Ethan just **shrugs his shoulders** and looks out to the sea. »Well maybe I'm in love with her, too ...« he says, and it really sounds like he's telling the truth. »Just let Maddy do her thing. Nothing is going to **happen** to her. In six months time, she and I will be in Hawaii together. We'll send you a postcard, I promise.«

anger – Zorn + to shrug one's shoulders – mit den Schultern zucken + to happen – passieren

Top Turn

»So, guys, you can **pitch your tent** here …«

Wir stehen auf der Terrasse eines kleinen Reihenhauses und schauen auf den Garten hinaus. Ich muss schlucken. Das hier ist nicht irgendein oller Hinterhof, ein hässliches Stück Erde, das von Ethans Tante vollkommen vernachlässigt wurde und mit Unkraut zugewachsen ist. Das hier ist ein Paradebeispiel der englischen Gartenkultur. Der Rasen sieht aus, als wäre er erst gestern angepflanzt worden. Nicht mal nagelneuer Kunststoffrasen ist so akkurat geschnitten wie dieses Gras hier. Jeder Halm glänzt glücklich im Sonnenschein. Im liebevoll gestalteten Blumenbeet sehen die Pflanzen aus, als wären sie für eine internationale Blumenschau gezüchtet worden. Sie sind voller Rosen und Nelken, Tulpen und Chrysanthemen. In ganz Bochum gibt es keinen Garten, der so ordentlich aussieht. Und *wir* sollen hier zelten?

to pitch a tent – ein Zelt aufschlagen

»Das ist wunderschön«, sagt sogar Bomba.

Ich hätte nie gedacht, dass er von Gartenarbeit so beeindruckt sein könnte.

Ich wende mich besorgt an Ethans Tante. »Are you sure this is OK?«, frage ich. Schließlich werden wir im Laufe der nächsten fünf Wochen vermutlich den perfekten Rasen nahezu zerstören, ganz zu schweigen von dem bunten Blumenbeet, falls wir nachts aufs Klo müssen. Will sie ihrem wunderschönen Garten wirklich solch ein Unheil antun?

Tante Heather schmunzelt. »As long as you change the position of your tent every few days so that the **lawn** can **recover**, it's fine with me«, sagt sie. »I like it when Ethan brings friends around.«

Ethan legt seiner Tante den Arm um die Schultern. »You're a star, **Auntie** Heather! You really are a star.«

Ethans Tante wirkt ganz nett. Sie hat lockige, dunkelrot gefärbte Haare. Dazu trägt sie kräftiges Make-up, mit knallroten Lippen und blauem Lidschatten, und hat einen außergewöhnlichen Modegeschmack: Strickpulli, karierter Rock und Filzpantoffeln. Sie liebt Ethan abgöttisch, das sieht man auf Anhieb. Sie behandelt ihn, als wäre er der zweite Messias. Ethan genießt die Aufmerksamkeit seiner Tante. Allerdings bin ich froh, dass ich

lawn – Rasen + to recover – sich erholen + auntie – Tante

nicht Heathers leiblicher Sohn bin. Der dickliche Junge, der uns mit großer Skepsis in seinem Haus empfängt, heißt Jack und ist ungefähr so alt wie wir, vielleicht ein bisschen jünger. Mit seinen schwarz gefärbten Haaren und seiner Dauergrimasse sieht er aus wie ein Emo. Außerdem scheint er keine Stimmbänder zu besitzen, denn er redet einfach nicht. Er steht die ganze Zeit nur herum und schaut uns grimmig an.

Aber Ethan redet mit ihm. Er behandelt ihn wie einen kleinen Bruder und macht mit ihm Faxen, doch Jacks Reaktionen gehen selten über ein unverständliches Gemurmel hinaus. Seine Mutter wiederum ignoriert ihn vollkommen. Seit wir angekommen sind, hat sie nur Augen für ihren Traumneffen Ethan. Jack rückt in den Hintergrund und lauert dort wie Ethans Schatten.

»I think Ethan told you: you can use our **spare bathroom** and the kitchen«, erklärt Tante Heather und zeigt hinter sich. Das Reihenhaus, in dem sie allein mit ihrem Sohn und Ethan lebt, ist klein, aber gemütlich. Aus der Küche hat man einen tollen Blick auf den Garten, der fast so groß ist wie das ganze Erdgeschoss.

»The only thing I would ask you is if you could maybe pay for the hot water and electricity that you use,« sagt Tante Heather bescheiden. »That would be great.«

spare bathroom – Gästebadezimmer

»Of course!«, antworte ich, unendlich dankbar. »Just tell us how much we should pay.«

Bevor Tante Heather uns sagen kann, welche Summe sie für unseren Wasser- und Stromverbrauch haben will, klingelt es an der Haustür.

»Jack, will you get that?«, sagt sie, ohne sich umzuschauen.

Klar: Jack soll zur Tür, nicht Ethan. So läuft es hier. Ethan ist der Prinz, Jack der Untertan. Er tut mir eigentlich leid.

Jack zuckt mit den Schultern, murmelt etwas, das vermutlich nicht nur ich nicht verstehen kann, und geht wieder ins Haus hinein.

»Is there anything else you need?«, fragt uns Tante Heather fürsorglich.

»No, we're fine, thank you«, sage ich im Namen unserer kleinen Reisegruppe. »This is already such a big help to us. Thank you so much.«

Ethan drückt seine Tante noch mal, den Arm fest um ihre Schultern, worauf sie vor Freude gluckst und über das ganze Gesicht strahlt. Wahrscheinlich hätte sie lieber Ethan als Sohn anstatt Kartoffelsack Jack.

»So, dann legen wir los«, schlägt Cruncher vor. Er stellt seinen Rucksack auf dem Rasen ab und holt das zusammengepackte Zelt hervor. »Wo wollen wir denn schlafen?«

Bomba und ich schauen uns den Garten an, während Cruncher das Zelt aus der Tasche holt.

»Hm, was meinst du, Bomba? Rosen oder Nelken?«

»Wie wäre es unter dem Baum?« Bomba zeigt in die Ecke. »Zusätzlicher Windschutz.«

Während wir unsere Vorbereitungen für den Zeltaufbau treffen, kommt Jack wieder aus der Küche. Er hat ein Mädchen im Schlepptau. Sie hat langes blondes Haar, ein rundes Gesicht und viele Sommersprossen auf der Nase. Ein kleiner Dackel tappert an einer Leine hinter ihr her.

Als sie Ethan sieht, geht sie strahlend auf ihn zu. »Hi, Ethan!« Sie küsst ihn auf die Wange. Dabei muss sie sich auf die Zehenspitzen stellen. Dann wendet sie sich seiner Tante zu. »Hello, Heather!«

»Mann, sieht die scharf aus!«, seufzt Bomba beglückt.

»Ihr Hund sieht scharf aus«, sage ich. Der kleine Dackel trägt eine rosa Schleife am Halsband.

Ethan scheint nicht sonderlich begeistert zu sein, das Mädchen zu sehen. »Hi, Maddy«, murmelt er und schaut sich unsicher um. »What are you doing here?«

»I just wanted to talk to you«, erklärt sie. »You know, about our thing.«

Ethan schaut nervös zu seiner Tante, dann zu Jack. Er nimmt Maddy an der Hand und zieht sie eilig in die Küche. »Come on, let's go upstairs.«

Ethan und seine Freundin verschwinden ins Haus – zumindest vermute ich, dass das Mädchen seine Freundin ist, auch wenn sie viel jünger ist als er. Ethans Tante folgt ihnen prompt, als hätte sie plötzlich das Interesse an uns verloren. Nur Jack bleibt auf der Terrasse. Er schaut uns bei der Arbeit zu.

Bomba nimmt die Zeltstangen aus der Tüte.

»Böh, was ist das hier?«, schnauft er mit Blick auf die unterschiedlich langen Stangen. »Ein Intelligenztest?«

Jack mustert unsere Boards, die gegen die Hauswand lehnen. »So you guys are surfers then?«, fragt er uns.

Ich schaue auf.

Jack hat auf jeden Fall *seine* Intelligenzprüfung bestanden: 3 Jungs + 3 Boards = 3 Surfer.

»Yes, we are«, bestätige ich seine Vermutung. »And you?«

Jack lacht, als wäre meine Frage irgendwie grenzdebil. »No. I hate surfing.«

Na super. Ende des Gesprächs.

Ich helfe Cruncher, die Zeltstangen zusammenzuschrauben. »So what do you do?«, frage ich. Jack runzelt die Stirn, als würde er meine Frage nicht verstehen. Ich probiere es noch mal: »Do you have any hobbies?«

»I like music«, antwortet er knapp.

Mehr sagt er nicht. Es sieht so aus, als müsste ich ihm alles aus der Nase ziehen.

»What kind of music?«

»Loud music.«

Interessant. Ich höre meine Musik immer nur ganz leise ... haha.

Jetzt habe ich damit angefangen und werde nicht aufhören, bevor wir ein passables Gespräch in Gang gebracht haben. Schließlich werden wir auch mit Kartoffelsack Jack die nächsten fünf Wochen auskommen müssen. Es ist wichtig, dass wir uns zumindest einigermaßen gut verstehen.

»What kind of loud music do you like?«

»Punk, rock, metal«, sagt er gleichgültig. »I play the guitar.«

»Cool«, wirft Bomba ein. »I play the guitar, too.«

Na schön. Dann können die beiden ja eine Band gründen.

Jack interessiert sich gar nicht für Bombas musikalisches Können. Er wechselt schnell das Thema. »So what's it like living in Germany?«, fragt er.

»It's good«, antworte ich ohne nachzudenken. Komisch eigentlich. Ich habe mir nie überlegt, wie ich es finde, in Deutschland zu leben. Gut, schlecht, mittelmäßig? Habe ich Glück oder Pech? Würde ich lieber woanders leben? Wäre ich lieber Spanier oder Amerikaner? Oder bin ich nur froh, dass ich nicht in einem armen Land auf die Welt gekommen bin? Eine interessante Frage.

Aber dann sagt Jack etwas, das mir einen Schauer über den Rücken jagt. Zuerst denke ich, dass ich mich verhört habe. Aber nein. Zum ersten Mal, seit wir ihn kennengelernt haben, spricht Jack laut und deutlich. Ich habe ihn wohl richtig verstanden.

Er nickt langsam, als würde er sich etwas Tiefsinniges überlegen, dann sagt er ganz bedacht: »Yeah ... Germany must be good ... Hitler is cool.«

Sogar Cruncher hört schlagartig auf, die Heringe aus der Tüte zu packen, und schaut Jack entgeistert an.

»Sorry? What did you say?«, fragt er perplex.

»Adolf Hitler«, wiederholt Jack todernst. »He was **alright.**«

Ich tausche einen Blick mit Cruncher. Es besteht kein Zweifel: Jack nimmt uns nicht auf den Arm.

»You know that Adolf Hitler is dead, right?«, sage ich, falls Jack tatsächlich glaubt, dass das alte Nazi-Monster irgendwas mit dem Leben in heutigem Deutschland zu tun hat.

»Yeah, I know«, sagt Jack und ein Grinsen breitet sich auf seinem Gesicht aus. »**Shame** really. He had some good ideas.«

»Wovon redet er?«, fragt jetzt Bomba, völlig überfordert.

alright – in Ordnung + shame – schade

»Der tickt doch nicht ganz sauber«, sagt Cruncher.

Jack zuckt mit den Schultern, immer noch mit dem schiefen Grinsen im Gesicht, und geht zur Küche zurück. »Oh well, it was nice talking to you. I have to go now. I've got some homework to do. On **World War Two**. But you know all about that, don't you, guys?«

Bomba ballt die Fäuste und springt auf, um Jack eine Lektion zu erteilen, aber ich halte ihn zurück. »Lass ihn! Er ist es nicht wert.«

Jack verschwindet in die Küche und Bomba holt tief Luft.

»Was für ein Trottel!«, schimpft Cruncher. »Der ist voll der Rechtsradikale.«

»Er ist kein Rechtsradikaler«, beruhige ich ihn. »Er wollte uns nur provozieren.«

»Das nächste Mal kriegt er eins auf die Nase«, sagt Bomba. »Ein bisschen Bochumer Liebe.«

»Das ist doch genau das, was er will«, sage ich. Bomba versteht das nicht, aber es ist eigentlich ganz einfach: »Wenn du ihn schlägst, dann hat er seine Bestätigung«, erkläre ich ihm. »Dann sind wir Deutschen aggressiv, Kriegshetzer, keine Ahnung. Aber wir werden ihm seine Bestätigung nicht geben. Egal, was er sagt, wir lassen die Finger von ihm, ist das klar?«

World War Two – Zweiter Weltkrieg

Ich warte auf eine Antwort von Bomba und Cruncher. Schließlich nicken sie. Aber ich weiß, dass es nur eine Frage der Zeit ist, bis wir uns mit Jack in die Haare kriegen.

Criminal Past

I've **spent** the whole day thinking about Ethan and Maddy and their crazy plan to rob the bank. The whole thing just goes around and around in my head. What should I do? I've tried to talk to Maddy about it. I've tried to talk to Ethan, too. I don't know what else I can do. I feel lost.

When I get home from school today, Mum is sitting at the kitchen table reading the newspaper with a cup of tea. She looks so nice, sitting there and reading. She's such a good person. She **wouldn't hurt a fly**.

I make myself a cup of tea as well and sit down next to her.

»Mum? Can I ask you something?«

Mum puts down the newspaper. »Of course, dear. What is it?«

»Have you ever done anything illegal?«

to spend – verbringen + wouldn't hurt a fly – könnte keiner Fliege etwas zuleide tun

Mum gasps and looks at me with these big round eyes, full of fear. She thinks I'm in **trouble**.

»Oh my goodness, Ashley! What have you done?«

Her reaction makes me laugh. »I haven't done anything! This conversation is not about me. I was asking you a question ... Well? Have you ever done anything illegal?«

Mum looks **relieved** and **uncomfortable** at the same time. She doesn't like being asked questions like this. »No, not really ...« she says, but she can't look me in the eyes when she speaks to me.

»Not really?« I press. »It's a yes-or-no-question. **Either** you say ›yes‹ or ›no‹. ›Not really‹ is not an option ...«

Mum looks out of the window. What's she **hiding**?

»Well ...« she begins, »when I was a child I **did steal** something ...«

»Really? What?«

I think she's going to say something like »100 pounds from my dad's **wallet**« or »a bike from the local bike shop«. Something big. Instead she says: »I stole some sweets from the local shop ...«

Sweets? Is that all?

»Aha? How old were you at the time?« I ask.

Mum is really **upset** by my questions. She rubs her

in trouble – in Schwierigkeiten + relieved – erleichtert + uncomfortable – unwohl + either – entweder + to hide – verstecken + to steal – klauen + wallet – Brieftasche + upset – bestürzt hands together, as if she were washing them, and looks out of the window.

»I don't know ... Nine or ten ... I was still at primary school. I did it with Janice.«

»No? Really? You and Janice?« I laugh. »That's funny.«

Janice is Mum's best friend. They've been best friends forever. Like me and Maddy.

»It wasn't funny at the time,« says Mum, **dead serious**.

»Why? What happened?«

Mum lowers her head in shame. »We got **caught**.«

»Did you get into trouble?«

»I remember it like it was yesterday,« Mum recalls. »Janice and I put the sweets in our pockets. Only a few. Three or four **at the most**. We were just leaving the shop when the **shopkeeper** stopped us. He was a big man in a long, brown coat. He told us to **empty** our pockets. We did what he said. It was terrible! I almost died. We only did it for the kick. It wasn't like we were poor. We were just playing with fire. We did it for the **thrill**.«

The **memory** really **upsets** Mum. It seems to be quite traumatic for her.

»What did the shopkeeper do?« I ask.

»He took us to the back of the shop and called our

dead serious – todernst + caught – erwischt + at the most – höchstens + shopkeeper – Ladeninhaber + to empty – leeren + thrill – Aufregung + memory – Erinnerung + to upset – aufwühlen parents,« Mum explains. »Janice's parents weren't at home. Dad came to get me. Your granddad. He was really angry with me, of course. He talked to the shopkeeper for a while and then he took us home. We **dropped** Janice **off** at her house. We were still in the car, driving home, when granddad asked me if it was the first time we'd stolen.«

»And? Was it?«

Mum shakes her head. »No. We'd stolen from three other shops, too, but I didn't tell him that. Granddad said that if it was the first time we'd stolen sweets, then nothing would happen to us. But if we'd done it before, then he was going to call the police …«

What?! That's **outrageous**!

»Granddad was going to call the police just because you'd stolen a couple of sweets? You can't be serious?«

We're not talking about money here, not clothes, not expensive toys, nothing big. Just sweets. I can't believe granddad could have been so **mean** to his own daughter.

Mum nods **as if** she also still can't believe it, even today. »I know. I was shocked at the time. I felt like a real criminal.«

»But you **lied**, right? So granddad didn't call the police?«

to drop off – nach Hause bringen + outrageous – entsetzlich + mean – gemein + as if … – als ob … + to lie – lügen

»Of course I lied!« says Mum with a little nervous laugh. »I told him it was the first and only time Janice and I had ever stolen anything, and he left it at that.« Then Mum says something that makes me **shiver:** »I mean, it wasn't as if we'd robbed a bank or something!«

Mum turns to me and gives me a smile. Now it's me who can't look her in the eyes. Maybe I should also call the police and let them know what Ethan and Maddy are planning to do? But can I really do that? Would it be right?

»Anyway ...« says Mum as she takes a sip of tea. »What did you want to talk to me about?«

to shiver – zittern

Close Out

Newquay ist eine kleine, hübsche Küstenstadt, genauso wie man sich eine Küstenstadt in England vorstellt. Abgesehen von der Hauptstraße sind die Nebenstraßen kaum voneinander zu unterscheiden. Reihen von kleinen Backsteinhäusern flankieren die Bürgersteige, die Häuser sehen alle gleich aus. Auf der Hauptstraße ist meistens viel los. Kleine Läden verkaufen alles, was man für einen Strandurlaub braucht: Eimer-und-Schaufel-Sets für Sandburgen, Bälle jeglicher Art, Kescher für Kinder und haufenweise Bodyboards. Das alles wird auf dem Gehsteig zur Schau gestellt. Dazwischen liegen zahlreiche Fish 'n' Chips-Imbisse. Der Geruch von Fett und Fisch liegt in der Luft, egal aus welcher Richtung der Wind weht. Kleine Tearooms befinden sich ebenfalls an der Hauptstraße. Das sind kleine Cafés, die Nachmittagstee mit Scones and Cream servieren. Ein Scone schmeckt wie ein Quarkbrötchen mit Rosinen drin, und die Sahne ist extra angedickt, damit man sie auf das Brötchen schmieren kann – was auch erklärt, warum so viele Menschen hier übergewichtig sind. Wenn man sich ausschließlich von Fish 'n' Chips und Scones and Cream ernährt, sieht man ziemlich schnell wie einer der großen Plastikbälle aus, die den Urlaubern in den Strandshops angeboten werden.

Hier sind nicht nur viele Menschen dick, die meisten von ihnen haben zudem auch noch einen Sonnenbrand und sehen daher aus wie Hummer. Der Brite zeigt gerne seine Haut. Die Männer tragen alle ärmellose T-Shirts, die ihre Tätowierungen und die sonnenverbrannten Arme hervorragend zur Schau stellen. Die Frauen ziehen sich gerne knappe Röcke an, egal welche Figur sie haben. So trägt der Brite seinen Sonnenbrand mit Stolz, ob auf den Armen, dem Bauch oder den Oberschenkeln. Warum auch nicht? Schließlich ist es das Ergebnis von stundenlangem, hartem Körpereinsatz. Unter der Sonne zu liegen, dabei Bier aus der Dose zu trinken und irgendwann einzunicken, ist zweifelsohne eine reife Leistung.

So sieht es aber nur in der Stadt aus, denn wenn man weiter Richtung Fistral Beach geht, ändert sich einiges. Es gibt so gut wie keine Übergewichtigen – vermutlich, weil man zu diesem Strand erstmals auch bergauf gehen muss –, dafür umso mehr braun gebrannte Surfertypen in Begleitung von hübschen, leicht bekleideten Mädchen. Ein sehr erfreulicher Anblick. An jeder Ecke ist ein Surfshop und in den Gassen hocken die Shaper. Es gibt hier Boards ohne Ende. Um Fistral Beach zu finden, muss man eigentlich nur den anderen Surfern hinterherlaufen. Irgendwann kommt man dort an.

An unserem zweiten Tag in Newquay müssen wir einkaufen gehen. Wir können nicht jeden Tag nur Fish 'n' Chips essen. In England ist das Nationalgericht eine kostspielige Angelegenheit. Nichts mit billigem Fast Food. Fish 'n' Chips sind sündhaft teuer. Wir müssen jetzt mit unserem Sparprogramm beginnen.

Schon bevor wir den Supermarkt betreten, fällt mir ein vielversprechendes Poster im Schaufenster auf: »**Special offer** for hungry surfers!!! Four **tins** of baked beans for only £1!«, steht ganz groß darauf. Auf dem Poster ist ein Surfer abgebildet. Er reitet auf einer Welle und hält eine Dose *Heinz Baked Beans* in der Hand. Ein Stern daneben verweist auf den unschlagbar günstigen Preis.

»He, schaut mal!«, sage ich. »Preiswerter geht's nicht. Mit einer Dose und ein paar Scheiben Toastbrot haben wir ein komplettes Abendessen.«

Bomba betrachtet das Plakat und ist überfordert. »Was sind denn Baked Beans?«

»Wie? Das weißt du nicht?«, fragt Cruncher überrascht.

special offer – Sonderangebot + tin – Konservendose

»Gebackene Bohnen?«, übersetzt Bomba und verzieht sein Gesicht. »Nie davon gehört. Wer isst denn so was?«

Cruncher klärt Bomba auf: »Baked Beans gehören zu den Grundnahrungsmitteln der Briten.«

»Ja und? Wie schmecken die?«, hakt Bomba nach.

Cruncher zuckt mit den Schultern. »Keine Ahnung … nach Ketchup.«

»Wieso Ketchup?«, fragt Bomba.

»Weil die gebackenen Bohnen da drin schwimmen!«, antworte ich genervt. Wollen wir hier einkaufen gehen oder über die kulinarischen Feinheiten der britischen Küche sprechen? »Die haben viele Proteine und Kohlehydrate«, füge ich sachlich hinzu. »Ideales Futter für Surfer. Deswegen das Bild.«

»Na dann! Worauf warten wir noch?«, schlussfolgert Bomba und geht schnurstracks in den Supermarkt hinein.

Hier in Newquay ist alles auf Surfer eingestellt. Vor der Kasse steht sogar ein großer Ständer, auf dem man sein Board abstellen kann. Einige Boards stehen schon da – unabgeschlossen. Es scheint also keine Gefahr zu bestehen, dass irgendjemand die Boards mitnimmt. Niemand interessiert sich für sie.

Also lehnen wir unsere Boards auch in den Ständer und holen uns einen Einkaufswagen. Es ist interessant zu sehen, was die Briten in ihren Supermärkten im Angebot haben. Viele Produkte sind natürlich ähnlich wie das, was man auch in Deutschland findet. Pizza, Nutella, Gemüse, Fleisch und vieles mehr. Aber es gibt auch Sachen, die ich noch nie im Leben gesehen habe. Bei manchen Produkten muss ich sogar auf die Packung gucken, um zu verstehen, was es überhaupt ist. Zum Beispiel *HP Brown Sauce*. Braune Soße? »Ideal for **sausages and chips**«, steht auf dem Etikett. Hmmm, lecker! Oder Branston Pickle, der angeblich wunderbar zu Käse passt und mit »real vegetable **chunks**« versehen ist. Auch braun übrigens. Also wörtlich übersetzt: Echte braune Gemüsestücke. Hört sich total verlockend an. Dann gibt es auch noch den Brotaufstrich *Marmite*, eine Würzpaste aus Hefe. Ebenfalls braun. Die Farbe Braun scheint bei den herkömmlichen Lebensmitteln schwer im Trend zu liegen. Auf dem Marmite-Glas steht der Werbespruch: »Love it or hate it.« Ich weiß jetzt schon, zu welcher Kategorie ich mich zähle.

Am anderen Ende des Supermarkts finden wir die Baked Beans. Sie stehen zu einer Pyramide aufgetürmt mitten im Gang. Wir nehmen zwanzig Dosen davon und holen uns weitere Lebensmittel, die wir hauptsächlich wegen des Preises und nicht aufgrund ihrer Qualität auswählen. Ich vermute, dass wir am Ende unserer Eng-

sausages and chips – Würstchen mit Pommes (nicht Chips!) + chunks – Stücke landreise an Mangelerscheinungen leiden werden. Aber was soll's? In der Not frisst der Teufel Fliegen.

Nachdem wir bezahlt haben, gehen wir zu unseren Boards zurück. Ein Mädchen steht vor meinem und mustert es genau. Sie lässt sogar die Hand über die Kante gleiten. Ich gehe auf sie zu und spreche sie an: »Hello. Are you looking for something?«

Das Mädchen dreht sich überrascht um. Sie hat langes braunes Haar, das zu einem Zopf geflochten ist, und trägt ein *Billabong*-T-Shirt. Sie sieht ziemlich sportlich aus.

»Oh. No. Sorry … I was just looking at this board … Is it yours?«

Habe ich vergessen zu erwähnen, dass sie außerdem ziemlich hübsch aussieht?

»Yes, it is«, antworte ich. Trotzdem verstehe ich nicht, warum sie sich für mein Board interessiert. Es ist ein ganz normales Surfboard, wie tausend andere.

Das Mädchen runzelt die Stirn, als müsste sie nachdenken. »**Do you mind** if I ask you where you got it from?«, fragt sie mich.

Auch diese Frage überrascht mich. »I bought it in France«, sage ich irritiert.

Sie hebt eine Augenbraue. »In Cap de l'Homy?«

»Yes. How do you know?«

Do you mind …? – Darf ich …?

Das Mädchen wendet sich wieder dem Board zu. Sie zeigt genau auf die reparierte Stelle knapp unter der mittleren Finne. »What happened here?«

»There was an accident«, erkläre ich. »It was broken. I had to repair it.«

»Did you find something inside?«, fragt das Mädchen.

Das ist jetzt schon fast unheimlich. Wieso weiß sie so viel über mein Board? Besitzt sie irgendwelche übernatürliche Kräfte?

Bevor ich noch weitere Fragen beantworte, will ich wissen, worum es hier geht. »Why are you asking so many questions?«, frage ich. »Who are you?«

Das Mädchen ignoriert meine Frage, als wäre sie in ihren Gedanken versunken. Sie lässt ihre Fingerspitzen über die reparierte Stelle gleiten. »You found something in it, didn't you? A little blue smurf? Am I right?«

Das ist der Wahnsinn! Kann sie hellsehen, oder was?

»Yes. You are right«, sage ich und werde immer ungeduldiger. »How do you know?«

Ein fades Lächeln flitzt über ihr Gesicht. »This board used **to belong** to my brother«, sagt das Mädchen traurig. »But now he's dead.«

to belong – gehören

Lost in a Dream

Rob takes me out with his surfboard for the first time. I'm eleven years old. He's fourteen and already a really good surfer. Before we go out to sea, he puts his board down on the beach and shows me the right **moves**. He shows me how to stand up on the board, where to put my feet, how to balance. On the sand it feels really easy. Then we go out to the waves.

It's a normal day. The waves aren't very big. The ideal **conditions** for a beginner like me. Rob swims in the water next to me and helps me hold onto the board. He looks and waits for a good wave, one that's right for me. Not too big, not too small.

When he finally sees one, he says, »OK. The next one is yours.«

I look over my shoulder and see the wave he's talking about. It looks really big **from my point of view**, but it's

move – Bewegung + conditions – Bedingungen + from my point of view – aus meiner Perspektive not. It's just because it's my first time. I lie down on the board on my stomach and start paddling, looking over my shoulder and waiting for the wave. Then it comes. I feel the sea swell underneath me. I swing myself up onto the board. My feet find their **footing**, and I'm standing **upright**. I think I'm going to fall back into the water **straightaway**, but somehow I keep standing. I stand, and I stand, and I stand, and the wave just carries me forward towards the **shore**.

»That's it! You've got it! Fantastic! You're **amazing!**«

I can hear Rob shouting wildly behind me. He's really happy with my first ride. But I can't look back. I know that if I do, then I will definitely fall off.

The wave keeps carrying me forward, and I still don't fall off. It goes on and on and on. I'm going **further** and further away from my brother. I can't even hear his voice anymore. And the shore still looks so far away. Something is wrong.

»Rob? Rob, where are you?« I shout.

I want to hear Rob's voice, but he doesn't **reply**.

»Rob! Rob!« I shout even louder.

But there's nothing. Just the wave, the endless wave, which never stops.

I look back over my shoulder. Then I see him: a little

footing – Halt + upright – aufrecht + straightaway – sofort + shore – Ufer + amazing – fantastisch + further – weiter (entfernt) + to reply – antworten head above water. Rob. He's miles away. He's no more than a little **dot** on the horizon.

»Rob?!?« I shout **at the top of my voice.**

Then I see the wave coming up behind him. It's the biggest wave I have ever seen in my life. It's as big as a ten **storey** building. A monster wave. And Rob is right under it! I can see straightaway that it's going to kill him.

»Watch out, Rob!« I scream. »Be careful!«

But he can't hear me. The wave breaks right on top of him. The white foam comes crashing down on his head, and Rob disappears.

»Rob! Rob!« I cry and try to turn my board around, but it's no good. I can't go anywhere but forwards. It's **impossible** to surf against the wave. »Rob!«

All of a sudden Ethan is standing next to me in the water. He's on his surf board, too.

»Hey, Ash! **Calm down!**« he says in a really **soothing** voice.

»But Rob's in trouble!« I scream. I am anything but calm.

Ethan smiles his friendly smile. »No, he's not. Rob's fine. He likes the waves. Now he's with them forever.«

All of a sudden I start to feel **angry**. Angry at Ethan for smiling at me when my brother is in trouble. Angry

dot – Punkt + at the top of my voice – lauthals + storey – Stockwerk + impossible – unmöglich + to calm down – sich beruhigen + soothing – beruhigend + angry – sauer because Rob is gone forever. Why doesn't Ethan help Rob? Why doesn't he do something?

»I hate you! I hate you! I hate you!« I scream into Ethan's smiling face.

But Ethan just **reaches out** to me and **touches** my cheek. His smile is kind. His smile is good. I shouldn't be angry with him. He hasn't done anything wrong.

»It's OK, Ashley. We're here for you. We're all here for you. Open your eyes, Ashley. Open your eyes and look at me.«

His voice is so warm and so kind that I do what he says. I open my eyes and see my father in front of me, sitting on my bed and stroking my face with his hand.

»It's okay, darling … It's just a dream … Just a dream …«

to reach out – die Hand ausstrecken + to touch – berühren

Snap

Alles im Leben hat zwei Seiten. Mein Vater sagt das immer. Und er hat recht. Wenn die Sonne scheint, ist es meistens wunderschön, aber manchmal kann man nachts kaum schlafen, weil es einfach zu heiß ist. Wenn man reich ist, kann man viel Geld ausgeben, aber es besteht die Gefahr, dass man immer egoistischer wird und Freundschaften zerbrechen. Wenn man kein Geld hat, hat man nichts in der Hand, dafür hält man zusammen.

Und so geht es mir an unserem vierten Tag in Newquay. Es gibt eine gute und eine Kehrseite. Die Kehrseite ist, dass es heute keine Wellen gibt. Der Atlantik ist flach wie ein Brett. Kein bisschen Wind, der für etwas Unruhe auf der Wasseroberfläche sorgen könnte. Der Himmel ist grau, es ist kalt und zwischendurch regnet es. Die gute Seite ist aber, dass ich gestern Ashley kennengelernt habe. Jetzt geht sie mir gar nicht mehr aus dem Kopf.

Erstens finde ich ihren Namen toll: Ashley. Das klingt klasse. Auf und ab, wie eine Welle. Ash-ley. Viel besser als Moritz. Außerdem ist sie sehr hübsch. Drittens mochte ich ihre Stimme. Ich kann sie sogar ziemlich gut verstehen, wenn sie Englisch spricht. Viertens surft sie. Und fünftens … Na ja. Eigentlich gibt es kein Fünftens.

Aber auch Ashley hat ihre dunkle Seite. Davon hat sie uns gestern erzählt, als wir sie nach Hause begleitet haben: Sie hat ihren Bruder verloren. Es war beim Wellenreiten, mitten in einem Sturm. Eigentlich war an diesem Tag Surfverbot, aber ihrem Bruder war das egal. Ethan übrigens auch. Sie sind zusammen rausgegangen. Nur Ethan kam zurück. Sie haben die Leiche von Ashleys Bruder erst zwei Tage später entdeckt. Er lag am Strand, 50 Kilometer südlich von hier. Trotzdem surft Ashley weiter. Eine echt krasse Geschichte.

Deswegen hat sich Ashley für mein Board im Supermarkt interessiert – weil es damals ihrem Bruder gehörte. Er hat es in Cap de l'Homy für ein besseres Board eingetauscht. Sechs Monate später war er tot. Der Schlumpf war seine Idee. Sein Shaper hat das blaue Figürchen in den Hartschaum eingearbeitet. Es sollte ihm Glück bringen. Vielleicht hätte er das Board lieber behalten sollen. Dann wäre er möglicherweise heute noch am Leben.

Ashley wohnt in der Nähe von Tante Heather. Sie kennt auch Ethan. Ethans Freundin Maddy ist sogar eine gute Freundin von ihr. Oder war eine gute Freundin von ihr. Aber darüber wollte sie nicht reden.

Eigentlich wollte Ashley heute nach der Schule vorbeischauen. Zumindest hat sie das angekündigt. Sie wollte mit uns surfen gehen. Aber das Meer sieht nicht sehr vielversprechend aus. So wie der Tag angefangen hat, wäre es ein Wunder, wenn heute überhaupt noch Wellen kommen.

Cruncher, Bomba und ich hocken am Strand und langweilen uns total. Der einzige Lichtblick in unserem erbarmungslosen, wellenfreien Leben erscheint am späten Vormittag. Das alte Ehepaar, das wir am ersten Tag in Newquay kennengelernt haben, baut seine Festung auf. Selbst der starke Regen kurz nach ihrer Ankunft kann sie nicht vertreiben. Sie öffnen einfach zwei Sonnenschirme und bleiben sitzen. Netterweise dürfen wir uns bei ihnen unterstellen. Wir sind die einzigen Menschen am ganzen Strand.

Mr und Mrs Jones kommen aus Wales. Seit dreißig Jahren verbringen sie jeden Sommerurlaub hier in Newquay. Sie erzählen uns viel über ihre walisische Heimat, über die einzigartige Sprache, über die Berge, die Schafe und über die raue Küste. In Wales ist man nie weit vom Meer entfernt, sagen sie. Umso erstaunlicher finde ich es, dass sie jedes Jahr aus dem kalten, nassen Wales aufbrechen und ihren Sommerurlaub im kalten, nassen Cornwall verbringen. Nichts mit Costa de Sol. Keine Lust auf Mallorca. Niemals! Warum sollte man so weit reisen, wenn man am einheimischen Strand schön im Regen hocken kann?

Ihre Erklärung dafür ist ziemlich einfach: »We don't like **to change** things, dear«, sagt Mrs Jones unerschütterlich und macht noch eine Packung *Chocolate Digestives* auf.

Mit Mr und Mrs Jones dürfen wir nicht nur etliche Packungen Chocolate-Digestive-Kekse essen, wir vertreiben uns auch die Zeit, indem wir mit ihnen Scrabble spielen. Sie freuen sich darüber, auch wenn wir keine ernsthafte Konkurrenz sind. Im Prinzip ist Scrabble ein einfaches Spiel. Man muss nur Wörter aus den zur Verfügung stehenden Buchstaben bilden. Aber in einer fremden Sprache ist das echt schwer.

Cruncher, Bomba und ich brauchen unheimlich viel Zeit, um überhaupt ein Wort aus dem Wirrwarr von Buchstaben zu bilden. Wir sind so langsam, dass jeder andere Gegner das Spiel längst abgebrochen hätte. Aber nicht Mr und Mrs Jones. Unser sprachliches Defizit macht ihnen nichts aus. Schließlich sind sie ans Warten gewöhnt. Mit einer Engelsgeduld harren sie aus, bis sie wieder dran sind.

Am meisten regt sich Bomba auf. »Schon wieder nichts dabei!«, schimpft er und starrt frustriert auf die Buchsta-

to change – ändern

ben auf seiner Ablagebank. »Ich habe ein B und ein U, und dann noch ein S und ein D und ein R und I und V, E, R.«

Sogar *ich* sehe auf Anhieb, dass seine neun Buchstaben das Wort »busdriver« ergeben. Aber bevor ich Bomba auf die Sprünge helfen kann, zwinkert mir Mr Jones zu und hält den Zeigefinger an die Lippen.

»**Take your time,** Bomba«, sagt er in seinem singenden walisischen Akzent.

Schließlich kommt auch Bomba drauf. »Ich hab's!«, jubelt er begeistert und nimmt zwei von den neun Buchstaben von der Ablagebank. »BUS!«, sagt er stolz und legt seine Steinchen nach einem »B« auf dem Brett aus.

»Good!«, sagt Mrs Jones. »Well done, Bomba! That's two points for you!«

Doch die Krönung ist, als Mr Jones voller Stolz das Wort »Zeitgeist« auf dem Brett bildet.

»But that's a German word!«, protestiere ich. Wenn ich gewusst hätte, dass wir auch auf Deutsch spielen konnten, wären unsere Chancen deutlich höher gewesen.

»No, it's not«, widerspricht Mr Jones seelenruhig. »Zeitgeist is an English word.«

»Nein, nein!«, korrigiere ich ihn. »It is one hundred percent German.«

take your time – lass dir Zeit

»It isn't.«

»It is!«

»It isn't!«

Wie immer bei strittigen Fällen holt Mrs Jones ihr Exemplar des »Oxford English Dictionary« hervor und blättert zuversichtlich drauflos. Nach kurzer Suche zeigt sie mir siegessicher den Eintrag.

»Here you are, love. It is in the English dictionary, so it must be English, right?«

In der Tat steht das deutsche Wort im englischen Wörterbuch. Der Eintrag heißt: »Zeitgeist (from the German *Zeitgeist*): noun; the defining spirit or mood of a particular period in history.«

»You see!«, sagt Mr Jones zufrieden und addiert seine bereits beträchtliche Punktzahl. »Zeitgeist is as English as the words kindergarten and rucksack! So, that's 54 points for me.«

Stundenlang spielen wir Scrabble mit Mr und Mrs Jones. Es ist weniger langweilig, als aufs Meer zu schauen. Immer wieder blicken wir vom Brett auf und checken die Wellen. Aber leider sind noch immer weit und breit keine zu sehen. Wenn das so weitergeht, können wir bald wieder nach Bochum fahren.

Aber wie gesagt: Im Leben hat alles zwei Seiten. Irgendwann am späten Nachmittag höre ich eine weibliche Stimme hinter mir: »Apples«, sagt sie.

Ich drehe mich überrascht um. Ashley steht hinter mir und grinst.

»Apples«, wiederholt sie und zeigt auf meine Ablagebank.

»**No cheating!**«, wendet Mr Jones ein. »If you want to play Scrabble with us, young lady, then you are more than welcome, but *we play alone*.«

Ashley lächelt und setzt sich zu uns. »OK. Then I'll play.«

Und so verbringen wir den restlichen Nachmittag. Vier Surfer und zwei alte Leute, die um einen kleinen Klapptisch hocken an einem regnerischen Strandtag und Scrabble spielen. Wie bescheuert ist das denn? Aber es macht Spaß. Und wer sammelt die meisten Punkte? Ashley. Sie ist nicht nur hübsch, sie ist auch noch intelligent.

Am Ende des wellenlosen Tages verabschieden wir uns von Mr und Mrs Jones und gehen mit unseren Boards zurück nach Hause – die Boards, die heute keinen Tropfen Meerwasser abbekommen haben, nur Regen. Ashley kommt mit. Sie hat den gleichen Weg.

Ashley ist ein sehr neugieriger Mensch. Sie fragt uns über Cap de l'Homy aus, wie wir es dort fanden und wo wir gewohnt haben, ob wir ihren Bruder Rob damals getroffen haben. Die letzte Frage verneinen wir. Das

no cheating! – nicht schummeln!

Board habe ich von einem Shaper am Strand gekauft. Insofern haben wir ihren Bruder höchstens zufällig gesehen.

Ashley selbst war noch nie in Frankreich. Sie scheint aber eine sehr gute Surferin zu sein, was mich nicht wundert, wenn man in einem Ort wie Newquay lebt. Sie surft seit ihrem elften Lebensjahr. Ihr Bruder hat es ihr beigebracht. Manche Leute haben echt Glück. Aber wie sagt mein Vater immer so schön? Das Leben ist kein Wunschkonzert.

Wir bleiben vor Ashleys Haus stehen. Es sieht genauso aus wie das von Tante Heather. Vielleicht hat es hinten einen ebenso perfekt gepflegten Garten. Aber hoffentlich keinen so durchgeknallten Mitbewohner wie Jack.

»Do you know Ethan's cousin?«, frage ich sie. Gestern hat Jack wieder einmal versucht, sich mit uns anzulegen. In der Küche ließ er ein paar abwertende Kommentare über die deutsche Fußballnationalmannschaft fallen. Was kann ich denn dafür, wenn die Engländer keine Elfmeter schießen können? Schließlich haben sie das Spiel doch auch erfunden.

Ashley schmunzelt, als würde sie sich nicht über meine Frage wundern. »Yeah. Why? Is he **giving you agro?**«

Agro? Was ist denn das?

to give someone agro – jemanden verärgern

»Is he being a complete idiot?«, wiederholt Ashley, um sich verständlich zu machen.

»He's strange«, sage ich etwas diplomatischer.

Ashley nickt. »In English we say: he's got a screw loose. You understand?«

Bomba nickt begeistert. »Yes, yes! *Er hat 'ne Schraube locker*. That's true! He doesn't have all the cups in the cupboard.«

Bombas idiomatische Ergänzung scheint bei Ashley nicht richtig anzukommen. Sie runzelt irritiert die Stirn, sagt aber: »I think he has problems because he's always in Ethan's **shadow**. It must be hard for him.«

»But still …«, sage ich und denke an die vielen blöden Sachen, die er gesagt hat, seit wir in seinem Garten wohnen, » … he's a little bit crazy, no?«

»Oh yes, totally!«, stimmt Ashley schonungslos zu. »He's a **nutcase**. I just hope he doesn't do anything stupid one day.«

Ashley öffnet das kleine Gartentor und deutet auf ihr Haus. »I have to go now«, sagt sie. »Tomorrow the waves will be back, I promise you. Will you be at the beach again?«

»Of course«, antwortet Bomba für mich. »Wo sonst?«

»Then I'll see you after school«, sagt Ashley und betritt den Vorgarten. »This time *with* some waves.«

shadow – Schatten + nutcase – Spinner

A Surprise Visit

Tonight something really **strange** happened: I'm at home, doing my homework, when the doorbell rings. Mum and Dad aren't back from work yet, and I'm not **expecting** anyone either. I run downstairs, thinking it must be Maddy. At last! She's come back to me! She wants to say sorry for having **behaved** like a complete idiot. She was wrong, I was right. Can we please be best friends again?

No problem!

But when I open the front door, I get an even bigger surprise than I expected. Standing on the **doorstep** is none other than Jack Stewart! What is he doing here?

»Jack?« I say – which is a strange thing to say really, because it's quite clearly Jack and not somebody else. It's almost as if I expect him to say: »No, I am not Jack. I am an alien from the Planet Mars who has taken over Jack's body …«

strange – seltsam + to expect – erwarten + to behave – sich verhalten + doorstep – Türstufe

»Can I come in?« asks Jack. The real Jack.

More sceptical than friendly, I let Jack into the house. »What are you doing here?«

»I need to talk to you,« he says and we go into the kitchen. Jack has never been to **my place** before.

»I'm listening ...« I say.

»You know about Ethan, don't you?« he says without looking at me. »About his plan with the bank?«

I quickly look around to check no one is listening to us – which is also crazy, because my parents aren't even at home. »So?« I say.

»Ethan asked me to help him,« explains Jack. »I said ›yes‹. The three of us just had a meeting. Ethan, Maddy and me. We're doing it tomorrow. At five to five.«

So it really is happening? Maddy is actually **going ahead** with this?

»I don't understand,« I say to Jack. »Why are you telling me this?«

Jack turns and looks at me. He's dead serious. »I want you to do something about it.«

I'm sorry? He expects me to do something about it? What am I supposed to do? I'm not the person planning to rob this bank. I'm not helping Ethan do it. This has nothing to do with me.

my place – mein Haus + to go ahead – vorangehen / weitermachen

»Why don't you do something about it?« I say.

»I can't,« Jack says. »I can't stop Ethan. Besides, I **promised** him I would help.«

»And I promised Ethan I wouldn't tell anyone about it. What do you expect me to do?«

»I don't know ... Talk to him.«

»I already did.«

»Then tell the police about it,« Jack says.

»You want me to go to the police and tell them about a **bank robbery** that hasn't even happened yet?« I say sarcastically. »I'm sure they'll love that.«

Jack looks really unhappy. »So you're not going to do anything?«

»No!« I say. »There's nothing I can do.«

Jack shakes his head as if he's really **disappointed** in me.

»Why don't you just **back out**?« I suggest. »They can't do it without you.«

»I can't ...« says Jack. »I promised Ethan.«

»Well, I'm sorry, Jack. I can't help you **solve** your problems.«

»Yeah, right,« **mumbles** Jack with this horrible look in his eyes. »But if anything goes wrong, then it's *your* fault for not having stopped us.«

to promise – versprechen + bank robbery – Banküberfall + disappointed – enttäuscht + to back out – aussteigen + to solve – lösen + to mumble – murmeln

Typical Jack! Then he just turns around and walks straight out of the kitchen. He doesn't even say goodbye. He just walks out of the front door and doesn't close it behind him.

Maybe Jack is right? Maybe I really should do more to stop Ethan and Maddy?

As soon as Jack is gone, I run upstairs and grab my phone. I'm going to give Maddy one last chance.

Boomer

Heute war Ashley nicht am Strand. Das hat mich sehr überrascht. Nicht nur, weil sie angekündigt hatte, dass sie auf jeden Fall kommt, sondern auch, weil es dafür einen guten Grund gab: Die Wellen heute waren absolut genial.

Bomba, Cruncher und ich verbringen den ganzen Tag am Fistral Beach, Mr und Mrs Jones auch. Immer wieder gehen wir zu dem alten Ehepaar rüber und quatschen ein bisschen mit ihnen, aber heute haben wir keine Zeit für Scrabble – sehr zum Bedauern von Mr Jones. Dafür sind die Wellen einfach zu gut.

Zum ersten Mal in meinen Leben surfe ich eine ***grüne Welle.*** Ich warte am Line-Up mit Bomba und Cruncher. Die Wellen brechen weit hinten. Leider kriegen wir nur lauter Schaum ab. Aber irgendwie ist heute ein guter Tag. Uns gelingen lange Rides. Auf einmal sehe ich hinter dem Line-Up die perfekte Welle: hoch, schnell und kein anderer Surfer in der Nähe. Auf ihr steht mein Name. Schnell bringe ich mich in Position und fange an zu paddeln. Als die Welle mich mitnimmt, weiß ich, dass es die beste Welle meines bisherigen Lebens sein wird. Ich erwische sie ganz oben auf der ***Lip***. Gut, dass ich keine Höhenangst habe. Mein Körper schaltet auf Autopilot. Meine Füße drehen das Board um – ein optimaler ***Top Turn*** – und auf einmal geht alles wie von selbst. Ich blicke gegen eine Wand aus Wasser. Ich fahre die Welle hinab, knapp vor dem Break. Jetzt geht die Post ab. Mein Board schießt wie ein Pfeil durch das Wasser. Endlos, smooth, kontrolliert. Ich bin auf dem *Highway to Heaven*. Um mich herum: absolute Stille. Ich nehme nur noch das Rauschen des Wassers wahr. Die Welle trägt mich in ein bisher noch nicht gekanntes Glücksgefühl. Ich will, dass es nie mehr aufhört.

Am Nachmittag halte ich immer wieder Ausschau nach Ashley, aber sie kommt nicht. Als die Wellen leicht nachlassen, ziehen wir uns zum Strand zurück. Der Tag kann nicht noch besser werden. Den Höhepunkt haben wir schon erlebt. Wir machen Schluss.

Auf dem Nachhauseweg fällt mir zum ersten Mal die Bank auf, in der Ethans Tante arbeitet. »Schaut mal, die HSBC«, sage ich und zeige auf das viktorianische Eckgebäude auf der gegenüberliegende Straßenseite. »Vielleicht ist Heather da.«

Bomba liest den Namen der Bank ab: »HSBC? Hört sich an wie eine Krankheit.«

»Ja sicher«, erwidert Cruncher. »Und du bist HSBC-negativ, du Matschbirne!«

»Ich habe den Scheck vom Zollbeamten dabei«, sage ich und hole das schmale Blatt Papier aus der Vordertasche meines Rucksacks. »Sollen wir kurz reinschauen und ihn bei Heather einlösen?«

»Warum nicht?«, sagt Cruncher. »Aber wir sollten uns beeilen. Die Bank schließt gleich.«

Wir überqueren die Straße und betreten das Gebäude. Am Eingang beäugt der Sicherheitsbeamte unsere Boards misstrauisch, und für einen kurzen Augenblick denke ich, dass wir das gleiche Schicksal erleben werden wie bei unserer glorreichen Ankunft in Großbritannien. »If you could just follow me, gentlemen …« Aber der Sicherheitsbeamte sagt nichts und lässt uns passieren.

Die Bank ist ziemlich klein und relativ voll. Es sind nur zwei Kassen geöffnet. Davor haben sich Schlangen von jeweils drei bis vier Personen gebildet. An einer der Kassen bedient Tante Heather. Selbstverständlich stellen wir uns in ihrer Schlange an.

»Wie sieht es denn überhaupt mit dem Geld aus?«, fragt Cruncher.

»Alles im grünen Bereich«, berichte ich. »Baked Beans gehören definitiv zum ultimativen Sparplan. Wenn wir weiterhin so günstig essen, dann kommen wir mit unserem Geld locker hin.«

»Baked Beans sind gefährlich«, sagt Bomba und streicht sich über den Bauch. »Mein Magen spielt verrückt.«

Cruncher zitiert das lustige Gedicht, das Ethan uns vorgestern beim Abendessen beigebracht hat: »Beans, beans are good for your heart, the more you eat, the more you **fart**. The more you fart, the better you feel, so let's eat beans for every meal.«

»So geht es mir den ganzen Tag«, sagt Bomba. »Ich bin heute mit einem Turbo-Boost gesurft.«

»Das haben wir gesehen«, grinst Cruncher. »Wie ein Orkan!«

Bomba fasst sich an den Bauch und verzieht das Gesicht. »Oh! Ich glaube, ich spüre noch einen Anflug.«

»Bloß nicht hier!«, rufe ich. In engen Räumen kann Bombas Darmwind wirklich tödlich sein. Es ist schlimm genug, dass wir mit ihm ein Zelt teilen müssen.

»Schon gut«, sagt Bomba. »War nur ein Scherz.«

Wir rücken gerade in der Schlange nach vorne, als Cruncher etwas auf der Straße entdeckt. »He, schaut mal! Ist das nicht die Freundin von Ethan?«

Mit ihrem Dackel an der Leine überquert Maddy gerade die Straße und kommt auf die Bank zu. Ohne den Hund hätte ich sie gar nicht erkannt. Sie trägt eine Base-

to fart – pupsen

ballmütze und eine große Sonnenbrille. Der Kragen ihrer Adidasjacke ist hochgestellt. Von ihrem Gesicht sieht man nicht viel. Sie wirkt wie ein Hollywoodstar, der das Blitzlicht der Paparazzi unbedingt vermeiden will.

»Hallo, Maddy! Over here!«, ruft Bomba, als sie zögerlich die Bank betritt. »We are here! Ze German boys!«

Bomba kann nicht »the« mit anschlagender Zunge sagen, er sagt immer »ze«. Deswegen wissen alle Engländer sofort, dass wir aus Deutschland kommen. Na super!

Maddy bleibt am Eingang stehen und schaut sich kurz um. Dann kommt sie auf uns zu.

»Oh … hi, guys!«, sagt sie irritiert. Sie sieht nicht gerade glücklich aus. Keine Wiedersehensfreude, keine angenehme Überraschung. Sind wir wirklich so schlimm? »What are you doing here?«, fragt sie.

Bomba grinst sie an. »I zink we are doing ze same as you«, sagt er und reibt die Finger zusammen in der internationalen Zeichensprache für Geld. »We come here for ze money.«

Maddy räuspert sich, als würde sie sich nicht gerade sehr wohl fühlen. Wahrscheinlich wegen Bombas blödem Grinsen. Er macht wirklich keinen Hehl daraus, dass er auf sie steht.

»Yeah, I wanted to get some money, too«, sagt sie unsicher. »I … erm … I guess I'll wait with you.«

Auch wenn man ihr Gesicht so gut wie gar nicht erkennt, ist es ziemlich eindeutig, dass Maddy irgendein Problem hat. Sie wirkt abwesend, sogar nervös. Immer wieder schaut sie sich um, als würde sie jemanden suchen.

Ich will sie gerade fragen, ob bei ihr alles in Ordnung ist, als Jack auftaucht. Er schlendert durch den Eingang mit einem Board unterm Arm. Ich denke, ich sehe nicht richtig. Jack mit einem Surfboard? Er hat uns doch gesagt, dass er Surfen hasst. Oder wollte er uns damit auch nur provozieren?

Aber das kann eigentlich nicht sein. Jack passt genauso wenig in die Surferszene wie Obst in eine Pommes-Bude. Außerdem ist das nicht sein Board, sondern Ethans. Ich erkenne es am Phönix.

Jack sieht ganz anders aus als sonst: Er trägt ebenfalls eine Baseballmütze, die seine schwarzen Haare vollkommen verstecken, und eine verspiegelte Sonnenbrille. Sein buntes Surfer-T-Shirt und die Bermudas machen aus ihm einen ganz anderen Typen. Nichts mit Emo, das hier ist der pure Beach-Boy-Look. Es ist, als wäre heute Karneval in Newquay.

Jedenfalls geht Jack schnurstracks an uns vorbei, ohne uns zu sehen, und lehnt sein Board gegen die Wand. Er nimmt ein Formular aus der Ablage und beginnt prompt, es auszufüllen.

»Ist ein richtiger Familientreff hier, was?«, sage ich zu Cruncher und mache ihn auf Jack aufmerksam.

Auch Maddy hat Jack entdeckt. Sie schaut angespannt von ihm zu Tante Heather an der Kasse. Heather hat bisher keinen von uns gesehen.

»I hope the bank doesn't close before we get to the front of the **queue**«, sagt Maddy mit einem nervösen Kichern.

Ich schaue auf meine Uhr. Fünf vor fünf. Wir haben noch ein paar Minuten. »We're here now. They're not going to tell us to leave.«

Maddy geht in die Hocke und streichelt ihrem Hund liebevoll über den Kopf. »Hey there, Barney. Are you OK, sweetie?«

Vielleicht würde es ihm besser gehen, wenn sie ihm die rosa Schleife abnehmen würde.

»Barney's got a very bad stomach at the moment«, sagt Maddy und krault seinen Hals. »Don't you, Barney love?«

Auf einmal gibt es einen lauten Knall auf der anderen Seite des Raumes. Jacks Surfboard ist von der Wand gerutscht und gegen einen Tisch gekracht. Der Mitarbeiter, der hinter dem Schreibtisch sitzt, schreckt auf und zischt: »Hey! Can't you be bit more **careful**?«

queue – Schlange + to be careful – aufpassen

Jack murmelt etwas, das ich nicht hören kann – und vermutlich auch nicht verstehen würde, wenn ich es gehört hätte. Eine Entschuldigung, nehme ich an. Gleichzeitig weht mir ein schrecklicher Geruch in die Nase. Ach du grüne Neune! Bomba hat gefurzt!

»Mensch, Bomba! Hast du sie nicht mehr alle?«, beschwere ich mich lauthals und halte mir die Nase zu.

Auch Cruncher ist wegen des Gestanks entsetzt. »Du gehörst in ein Labor!«, wimmert er und wedelt mit der Hand heftig vor seiner Nase herum. »Das ist ja ekelhaft!«

»Ich war es nicht!«, protestiert Bomba, der ebenfalls eine Grimasse zieht. Er zeigt angeekelt Richtung Fußboden. »*Er* war's!«

Ich schaue nach unten. Maddy hockt immer noch neben ihrem Dackel und schaut entschuldigend zu uns auf. »I'm so sorry«, sagt sie und holt eine Plastiktüte aus ihrer Handtasche hervor. »It's Barney. He has really bad **diarrhoea** at the moment.«

Erst dann sehe ich, dass hinter dem kleinen süßen Barney ein Riesenhaufen Hundekacke liegt. Mit einer schnellen Handbewegung schaufelt Maddy den Haufen in die Plastiktüte.

»Poor little Barney«, tröstet sie ihren Hund.

Auf einmal bricht ein Tumult in der Bank los. Der

diarrhoea – Durchfall

Gestank ist wirklich unerträglich. Die Kunden halten sich die Hände vor die Nasen und pusten und husten, was das Zeug hält. Alle drehen sich zu uns um und schauen Maddy und ihren kleinen Hund Barney empört an.

»Ich muss hier raus«, sagt Cruncher.

Bomba schließt sich schnell an. »Ich komme mit.«

Zusammen eilen die beiden zum Ausgang und lassen mich stehen. Andere Kunden verlassen ebenfalls schlagartig die Bank.

»Outrageous!«, schimpft ein Mann, der mit schnalzender Zunge an uns vorbeizischt.

»**Disgusting!**«, murmelt ein zweiter vor sich hin.

»Dogs should stay outside!«, behauptet eine alte Dame, die angewidert ihren Kopf schüttelt.

Der Sicherheitsbedienstete eilt auf uns zu. »Excuse me, Madam«, sagt er in strengem Ton zu Maddy und zeigt auf Barney. »I'm going to have to ask you to take your dog outside. **Immediately!**«

»I'm really sorry«, sagt Maddy, die immer noch die Plastiktüte voller Hundekot in der Hand hält. »I do apologise. I … I …«

Als Maddy den kleinen Barney vom Boden aufhebt, um mit ihm die Bank zu verlassen, schaue ich zu Cruncher und Bomba. Dabei fällt mir auf, wie jemand ins

disgusting – ekelig + immediately – sofort

Gebäude flitzt. Aber nicht irgendjemand: Er sieht aus wie Ethan. Auch er trägt eine Sonnenbrille und ein Käppi, sodass man ihn kaum erkennt. Er huscht an der Wand entlang, holt etwas aus seiner Jackentasche hervor, bleibt vor der Seitentür stehen, zieht eine Karte durch den elektronischen Kartenleser und verschwindet nach hinten. Die ganze Aktion dauert keine zwei Sekunden.

»It's so **embarrassing**«, spricht Maddy weiter, als der Sicherheitsbedienstete sie nach draußen begleitet. »I really need to take him to see a **vet.**«

Der Gestank lässt allmählich nach. Ich schaue mich um. Die zwei Schlangen haben sich aufgelöst. Fast alle stehen jetzt draußen. Es gibt einen regelrechten Aufruhr. Die alte Dame beschimpft Maddy und ihren Hund. Der Sicherheitsbeamte versucht, die Bankkunden zu beruhigen. Nur Jack steht noch an der Seite, das Surfboard in der Hand, als wäre er erstarrt. Aber auch er verlässt jetzt das Gebäude.

Für mich ist das gut. Nun muss ich nicht mehr anstehen. Mit dem Scheck in der Hand gehe ich auf Heathers Kasse zu. Sie hält sich ein Taschentuch schützend vor Mund und Nase.

»Hello, Heather!«, sage ich und wedle mit dem Scheck vor meinem Gesicht herum. »That was a really **bad smell**, no?«

embarrassing – peinlich + vet – Tierarzt + bad smell – Gestank

»**You can say that again!**«, murmelt Heather durch ihr Taschentuch. »What can I do for you, love?«

Ich lege den Scheck auf die Theke. »I would like to cash this, please.«

Tante Heather nimmt den Scheck in die Hand. »No problem, dear.« Sie holt ein Bündel zehn Pfund Scheine aus der Kasse. »150 pounds in cash. I'll give it to you in tens, alright?«

Sie legt das Geld auf den Tresen und zählt die Scheine vor meinen Augen durch.

»I didn't know Ethan worked here«, sage ich, um die Zeit zu überbrücken.

Heather zählt ungestört weiter. »He doesn't«, antwortet sie ohne aufzuschauen.

»But I just saw him going through that door«, widerspreche ich und zeige auf die Seitentür.

Heather lacht und zählt zu Ende. »All those baked beans are making your eyes go funny, my dear! Only people who work here can come into the back rooms. There's quite a lot of money in here, you know. **Security is tight.**«

Dann reicht sie mir das Geld und zwinkert mir zu.

»Here you are, love. Now don't **spend** it **all at once!**«

You can say that again! – Das kannst du laut sagen! + security is tight – die Sicherheitsvorkehrungen sind hoch + to spend – ausgeben + all at once – alles auf einmal

Friends again

It's almost 10 o'clock in the evening. I'm getting ready to go to bed. I'm really tired. School was mega stressful today. We had to hand in **coursework**, and Mrs Baker talked for an entire hour in Geography. Maddy didn't come to school today. I tried to call her last night, but she didn't answer the phone. And I know why she didn't come. Because of the bank.

I thought about going there after school. I thought I could wait for Maddy there and try to stop her when she **turned up**. But I decided not to go. Dad was right: you can't control other people. You can't tell them what to do. Like with Rob. I could never have stopped him from going surfing during that storm. Only **chains** could have stopped him. And I don't do chains. That's just not me.

I didn't go to the bank today. I didn't go to the beach, either. I was **feeling** too **down**. I just kept thinking about

coursework – schriftliche Hausarbeit + to turn up – auftauchen + chains – Ketten + to feel down – sich deprimiert fühlen

Maddy all day. I wanted to be alone. I'm sure I'll see the German boys another time.

I've just put on my pyjamas to go to bed when I hear the doorbell ring. Mum answers the door downstairs.

»Oh, hello Maddy. What a nice surprise!« I hear her say.

I jump out of bed. Maddy? That was the last person I was expecting to hear from today!

»Is Ashley at home?« asks Maddy.

»Of course. She's in her room.« Mum calls up the stairs: »It's Maddy, darling! I'm sending her up!«

I'm at my bedroom door **in a flash**. I watch Maddy run up the stairs. She's got a really big smile on her face.

»Hi, Ash!« she says. »Can I talk to you?«

I'm **speechless**. It's like I'm seeing a **ghost**. A ghost from the past. This is the Maddy I always knew. The happy Maddy. Smiling Maddy. **Not-a-care-in-the-world**-Maddy.

I step back from the door and let her into my room. Then I quickly close the door behind her and **lock** it.

»What's happened?« I ask.

Maddy is still smiling all over her face. »We did it, Ashley! We **actually** did it!«

I sit down on my bed and pull Maddy next to me. I feel as excited as Maddy looks.

in a flash – im Nu + speechless – sprachlos + ghost – Geist + not a care in the world – sorgenfrei + to lock – abschließen + actually – tatsächlich

»The bank?« I ask **in a whisper**.

»Yeah. Ethan is in there now,« Maddy says. Her eyes are **shining**. She's full of energy. She can hardly sit still. »He sent me a text message about an hour ago.«

Maddy takes out her **mobile** and shows me the text: *Hi Maddy! Everything cool. Am going to try and get some sleep now. CU in the morning. With the £! Kiss, Ethan*

»I can't believe you actually did it,« I say to Maddy, still whispering. Suddenly I don't care if what they did is illegal.

»I know. It was so exciting. My heart was beating like crazy. Ethan had this really great idea to create a **diversion**: with Barney, a stink bomb and some plastic **dog poo**. It worked perfectly. You should have seen it. The smell was terrible! The people in the bank left immediately.«

»No one recognized you?«

Maddy shakes her head, then she says, »**Apart from** those German friends of Ethan. They were in the bank at the time.«

»Really? What were they doing there?«

»Getting some money, I guess. It was a **coincidence**. But I don't think they **noticed** anything. At least, I hope they didn't. Two of them had to leave the room because of the smell.«

in a whisper – flüsternd + to shine – glänzen + mobile – Handy + diversion – Ablenkung + dog poo – Hundekot + apart from – abgesehen von + coincidence – Zufall +to notice – bemerken

I take Maddy's hand and squeeze it tight. »I'm really happy you're OK,« I tell her. »I was so worried about you. I've been going crazy here.«

Maddy stops smiling.

She looks down at her feet, **ashamed.**

»I'm sorry about being so **mean** to you, Ash. I really am. I just couldn't talk to you.« Maddy looks at me with her big brown eyes and I know she means it. She squeezes my hand. »It's just ... I knew what you were going to say. I knew you would try and stop me. And I didn't want that. I was scared you might **succeed.** But now it's over. It's done. And I'm so happy. Do you think we can be friends again?«

I put my arms around Maddy and **give** her a **hug. I don't care** what she's done. She's my best friend. I'm so happy to have her back in my life.

»Of course we're friends,« I say to her. »And we always will be.«

to be ashamed – sich schämen + mean – gemein + to succeed – gelingen + to give someone a hug – jemanden umarmen + I don't care – Das ist mir egal

Pull Out

»Ich sterbe vor Hunger«, sagt Bomba nach einem langen Tag auf dem Wasser. »Was sollen wir heute kochen?«

Heute war der perfekte Tag, ohne Kehrseite. Wir hatten nicht nur Superwellen, auch Ashley kam wieder. Sie war bestens gelaunt und hat Vollgas gegeben. Ich muss zugeben: Sie ist eine exzellente Surferin. Sogar besser als ich. Na ja. Sie hat auch einen klaren Vorteil: Sie wohnt hier. Aber es macht mir nichts aus. Ich habe kein Problem damit, wenn ein Mädchen besser surfen kann als ich. Besonders, wenn sie Ashley heißt.

Mein Magen knurrt. Ich habe auch Hunger. Bomba holt unsere Lebensmittelkiste aus der Küche und kippt den Inhalt auf den frisch gemähten Rasen: Wir haben immer noch eine Menge Dosen Baked Beans, dazu zahlreiche Tüten Toastbrot, drei Packungen Spaghetti und einen Karton voller Tomatenmarkdosen. Ein ziemlich erbärmliches Angebot.

Cruncher schaut den Fund unglücklich an. »Auf keinen Fall Baked Beans«, sagt er. »Ich kann die Dinger langsam echt nicht mehr sehen.«

»Wie wär's mit Spaghetti mit Tomatensoße?«, schlägt Bomba vor.

»Hatten wir doch erst gestern ...«, antwortet Cruncher.

»Und auch vorgestern«, erinnere ich ihn.

Bomba wirkt leicht beleidigt über unsere Anmerkungen. »Sind Spaghetti nicht mehr gut genug für euch, oder was? Wollt ihr lieber Schnitzel mit Kartoffelsalat? Oder vielleicht Kassler mit Grünkohl?«

»Hör auf! Mir läuft das Wasser im Mund zusammen!«

»Essen für drei Personen für ein paar Euro am Tag ist keine leichte Aufgabe«, verteidigt Bomba seine Kochkunst und schaut noch mal in die Vorratskiste. »Ich finde Spaghetti mit Tomatensoße lecker.«

»Vielleicht könnten wir heute einen Salat machen?«, schlägt Cruncher vor.

Bomba schaut Cruncher entsetzt an. »Was?! Drehst du durch?«

»Ich brauche etwas Frisches. Etwas Gesundes.«

Mir geht es genauso. Zu Hause redet meine Mutter immer über gesunde Ernährung und wie wichtig das ist. Und was mache ich? Ich höre ihr gar nicht zu. Ich lache darüber. Ich habe sogar Spaß daran, vor ihr einen Burger in den Mund zu stopfen. Aber jetzt, nach einer Woche

Junkfood, fange ich schon an, ihre Hartnäckigkeit zu vermissen. Ich sehne mich nach etwas Essbarem, das weder aus der Dose noch aus einer Packung kommt.

»Salat finde ich gut«, stimme ich Cruncher zu. »Sechs Wochen Dosenfutter schaffe ich auch nicht.«

»Mensch, haben wir also Ansprüche!«, veräppelt uns Bomba mit piepsiger Stimme.

»Kommt, lasst uns einkaufen gehen«, sagt Cruncher. »Wir machen einfach Salat.«

Bomba rümpft die Nase. »Ich esse prinzipiell keinen Salat.«

»Dann isst du eben etwas anderes«, kontert Cruncher genervt.

»Das geht auch nicht«, widerspricht Bomba. »Wir müssen alle das Gleiche essen, sonst kommen wir mit unserem Geld nicht hin. Außerdem ist Salat viel zu teuer. Für fünf Euro kriegst du höchstens einen Salatkopf, eine Gurke und ein paar Tomaten. Wie sollen drei Leute davon satt werden?«

»Es geht nicht nur ums Sattwerden!«, zischt Cruncher. »Es geht um den Geschmack. Und ums Wohlbefinden.«

»Wohlbefinden?!«, trällert Bomba spöttisch. »Wie willst du stundenlang surfen, wenn du nur Grünzeug im Magen hast? Wir brauchen Kohlenhydrate, verstehst du? Sonst ist Feierabend. Außerdem wissen wir ja, was mit einem passiert, der sich nur von Grünfutter ernährt: Schaut euch Jack an! Er ist Vegetarier und komplett durchgeknallt!«

Gerade als die Situation droht, außer Kontrolle zu geraten, kommt eine willkommene Unterbrechung aus Richtung der Terrasse: »Good evening, gentlemen! And how are we today?«

Wir drehen uns um und sehen Ethan. Er steht auf der Terrasse, breitet die Arme aus und holt tief Luft. »What a beautiful day!«, sagt er begeistert und atmet zufrieden aus. »So what are you guys **arguing** about now?«

»We were just talking about dinner«, erklärt Cruncher.

Ethan lacht. »Is there a problem?«

»Cruncher and Mo want to eat *salad!*«, erklärt Bomba und rümpft die Nase, als wäre die Vorstellung kaum zu ertragen.

Ethan ist irritiert. »What's wrong with salad?«

Bomba versteht die Gegenfrage gar nicht. »Salad is *green!*«, antwortet er entsetzt.

Cruncher zeigt auf die Dosen, die Bomba wieder ordentlich in die Kiste gestapelt hat. »I can't eat any more baked beans or any more spaghetti with tomato sauce«, sagt er. »I'm going to die soon from not having any vitamins in my blood.«

Ethan kommt die Treppe in den Garten herunter und

to argue – sich streiten

lacht. Er scheint bestens gelaunt zu sein. »Listen, guys, I'm taking Jack and my aunt out for a curry this evening. You know, to an Indian restaurant. Maddy and her friend are coming along, too. Do you guys want to join us?«

Ich lehne die Einladung dankend ab. »I'm sorry. We can't.«

Ethan schaut mich überrascht an. »Why not? Do you have something better to do?«

»No, it's not that. It's because we don't have **enough** money to go to a restaurant. We only have 14 euros every day. For all three of us. Breakfast, lunch and dinner.«

Ethan lacht. »I know that. You told me about your financial situation before. But it's OK. You don't need worry about it. Dinner is on me. I'm paying.«

Cruncher blickt mich fragend an. »Verstehe ich das richtig? Will er uns zum Essen einladen?«

»Ich glaube schon.«

Bomba schlägt die Faust in die Luft. »Ich bin dabei!«

Sicherheitshalber frage ich noch mal nach: »You are really sure you want to **invite** us? It's very expensive, no? A restaurant for eight people?«

Ethan nickt strahlend. »Don't worry about it, guys. The surf school paid me yesterday. I got a bonus this month. I'm **loaded!**«

enough – genug + to invite – einladen + loaded – stinkreich

»Well, thanks a lot«, nehme ich die Einladung dankbar an. »We would really like to come. What time are you going?«

»Soon«, sagt Ethan mit Blick auf die Uhr. »Maddy and her friend will be here any minute. Then we'll all go together.«

Prompt klingelt es an der Tür. Ethan geht wieder ins Haus.

»Ich habe noch nie indisch gegessen«, sagt Bomba nachdenklich. »Ist das lecker?«

»Woher soll ich das wissen?«, antworte ich.

»Ist halt ziemlich scharf«, sagt Cruncher. »Und würzig. Aber lecker. Das wird dir bestimmt schmecken.«

»Hauptsache, es gibt nichts Grünes«, sagt Bomba.

Hinter uns geht die Küchentür wieder auf. Ashley betritt die Terrasse.

»Hi guys!«, sagt sie und schaut unser Zelt schmunzelnd an. »So this is where you live?«

»Well, you know, it's small and it's plastic«, antworte ich mit gespielter Bescheidenheit, »and sometimes it smells quite bad, but – to us – it's home.«

Ashley lacht über meinen Witz. Wir verstehen uns sehr gut. Man könnte sogar sagen, dass es zwischen uns gefunkt hat. Mal sehen, wie es sich weiter entwickelt. Ich hätte nichts dagegen. Eine Freundin, die surft, wäre sehr praktisch.

»The surfing was good today, wasn't it?«, sagt Ashley.

Bomba nickt. »It was *voll geil*. Even better zan yesterday. I love Newquay.«

»So what are you guys doing tomorrow?«, fragt Ashley. »It's Saturday tomorrow. I don't have school. I could show you some other surf spots down the **coast**. We can take the bus to Perranporth. Or we can go north to Tolcarne.«

Das hört sich gut an. Neuer Strand, neues Glück.

»Sure. Good idea«, sage ich. »What time shall we meet?«

»Around 9 o'clock. I can come around and **pick** you **up** here.«

»Perfect. We'll be ready.«

Ethan kommt mit Maddy aus der Küche. Jetzt sieht sie wieder ganz normal aus: keine Sonnenbrille und kein Käppi. Sie trägt eine rote Lackjacke mit kurzem Rock und einem engen T-Shirt. Eine typische Engländerin eben. Ich muss an die Worte meiner Mutter denken, bevor wir abgereist sind: »Macht einen Bogen um die Mädels, ja? In England sind sie viel weiter als ihr.« Im Fall von Maddy könnte ich mir das gut vorstellen.

Ethan schließt die Küchentür hinter sich und kommt die Terrassentreppe herunter.

coast – Küste + to pick someone up – abholen

»Listen, guys«, sagt er im Flüsterton und blickt vorsichtig über die Schulter zur Küche. »I need you to do me a **favour** this evening: Aunt Heather had a really bad day at work today, so I don't want us to **mention** the bank or anything, OK?«

Ethan schaut uns erwartungsvoll an. Ich tausche einen Blick mit Cruncher und Bomba. Cruncher zuckt mit den Schultern und sagt: »No problem.«

»And one more thing«, fügt Ethan hinzu. »Don't tell my auntie that you saw Maddy at the bank yesterday.«

»Why not?«, frage ich irritiert.

»It's a long story«, sagt Ethan verschwörerisch. »But believe me: it's better if my auntie doesn't know that Maddy was there yesterday. Just trust me, will you?«

»And what about Jack?«, hake ich nach. »He was also at the bank. Is that a secret, too?«

Ethan nickt ernst. »Jack, too«, antwortet er knapp.

»And you?«, frage ich.

Ethan erstarrt und schaut mich überrascht an. »What about me?«

»You were at the bank yesterday as well, right?«

Ethan schaut mich erschrocken an. »No, I wasn't«, sagt er und schüttelt energisch den Kopf. »I was nowhere near the bank yesterday.«

favour – Gefallen + to mention – erwähnen

Ich zögere eine Sekunde und blicke zu Ashley. Sie vermeidet jeglichen Blickkontakt mit mir, als hätte sie auch etwas zu verbergen.

Was ist hier los? Wozu die Geheimnistuerei? Haben Heathers Probleme bei der Arbeit etwas mit dem seltsamen Auftritt von Maddy und Jack in der Bank zu tun? Und warum streitet Ethan ab, dass auch er gestern dort war? Ich habe ihn mit eigenen Augen gesehen. Ich bin mir absolut sicher. Warum lügt er mich an?

Aber ich will nicht mit Ethan streiten. Wozu? Wenn er etwas vor Heather geheim halten will, geht es mich nichts an. Ich kann schweigen wie ein Grab.

»O. k.«, stimme ich Ethan nach einer Weile zu. »I won't say a word.«

Ethan lächelt erfreut und klopft mir auf die Schulter. »Good man!« Er wendet sich an Cruncher und Bomba und hebt den Finger an die Lippen. »The same goes for you.«

»All easy«, antwortet Bomba. »I am *stumm* as a fish.«

»No problem«, sagt Cruncher und fügt Richtung Maddy hinzu: »I hope your dog is feeling better today.«

Maddy nickt und schaut verlegen zu Boden. »Yes, thank you. I took him to the vet today.«

Ethan klatscht in die Hände. »Good. The most important thing is Aunt Heather has a nice meal with us. I'm sure she'll be feeling better soon. So, are you guys ready?«

»I was born ready«, antwortet Bomba mit einem seiner coolsten Sprüche.

Ethan reibt sich energisch die Hände. »Then let's go and eat!«

Trouble at Dinner

The meal at the Indian restaurant is one of the most bizarre evenings I have ever had. To be honest, I should never have agreed to come. I sit there at the table and think: this situation is completely crazy. Ethan has just used his aunt to rob the bank where she works. She knows nothing about it. Nor do the German boys. Everybody is lying to each other, and I'm a part of it. I feel sick from the moment I see Heather. How can Ethan do this to her? I know he **means well**, but still …

Heather is in a really bad mood – which I can understand. She looks tired. Ethan tries hard **to cheer** her **up**, but Heather doesn't smile all evening. Of course, I know exactly why she's in a bad mood, but I don't say anything. It must have been **hell** at work today.

Ethan, on the other hand, is completely hyperactive. It's like he's on drugs or something. Maddy, too. She just

to mean well – es gut meinen + to cheer someone up – jemanden aufheitern + hell – Hölle

giggles at whatever he says. Jack is just Jack – as strange and quiet as ever – and the German boys don't speak at all, either. They're too busy eating. It's as if they haven't eaten for weeks.

Jack doesn't eat a thing the whole evening. He just sits in front of his plate of vegetable curry, **prodding** the beans with his fork. Ethan and Maddy are too busy laughing and having a good time to notice that anything is wrong. But it is. Seriously wrong.

The more Jack prods his food, the more Heather stares at him with an angry look on her face. After a while she puts down her knife and fork and says in a really **bitchy** voice: »Aren't you hungry, Jack?«

»No,« answers Jack.

His usual one word reply.

»Maybe you should stop being a vegetarian, Jack,« she says. »A boy like you needs to eat meat. Meat is good.«

»I don't like meat,« mumbles Jack.

It's so **obvious** that Heather is **looking for a fight**. All that frustration from work. All that stress. She really wants to let it out on somebody. And that somebody is going to be Jack.

»If you don't eat meat, then you're not going to grow into a strong young man like Ethan,« Heather says.

to giggle – kichern + to prod – herumstochern + bitchy – zickig + obvious – offensichtlich + to look for a fight – Streit suchen

At this point Ethan hears what's going on. Still laughing, he **slaps** Jack on the back and says: »Jack is strong enough, aren't you, Jack?«

Jack doesn't say a word.

But there's no stopping Heather now. »I do worry about him, you know, Ethan. He doesn't eat meat, he doesn't talk, he doesn't wash his hair. What am I going to do with him?«

Ethan stops laughing. He tries to **save** the situation before things get any worse. »Jack's fine, Auntie Heather. There's nothing wrong with him, is there, Jack?«

Jack mumbles something that neither I nor anyone else at the table can understand.

»You see!« **shrieks** Heather as if Jack has just given her the **ammunition** she was looking for. »You ask him a simple question, and do you get a simple answer? No. He's in his own little world, that one.«

»Leave me alone, Mum,« says Jack.

This time everyone hears him.

Heather is **fuming** now. »What did you say to me, young man?«

Jack repeats his **request**: »Just leave me alone.«

Heather bites her lips together. She has fire in her eyes. »Don't you talk to me like that! I'm your mother!«

to slap – klopfen + to save – retten + to shriek – kreischen + ammunition – Munition + to fume – vor Wut toben + request – Bitte

Ethan **intervenes**. Even he sees the situation is now too serious. »Calm down, Auntie. Jack didn't mean it like that.«

»Even the Germans have better manners than he does!« she says with a nod of her head to the German boys. They have absolutely no idea what's going on. Mo has a look of real shock in his eyes. This is clearly not his idea of a nice meal out.

»Auntie, please,« says Ethan. »Not here. Not in front of the girls.«

Heather **goes** completely **mental**. »I'm sick and tired of it, Ethan!« she shouts. »All he does is **skulk** around all day, looking miserable and doing nothing. Why can't he get his hair cut? Why can't he **stand up straight**? Why can't he be more like you?«

»I don't want to be like Ethan!« says Jack, his voice is getting louder now.

»Well, you should!« screams Heather. »Look at you! You're **ridiculous**! I'm ashamed of you.«

Jack stands up, his fork in his hand. For a moment I think he's going to **stab** Heather with it. But he doesn't, thank God. He just looks at her and says: »I hate you.«

Then he walks straight out of the restaurant, the fork still in his hand. Everyone watches him leave. Everyone

intervene – einschreiten + to go mental – ausrasten + to skulk – herumschleichen + to stand up straight – aufrecht stehen + ridiculous – lächerlich + to stab – erstechen except Heather. She just shakes her head and starts eating again.

»Why did you have to do that, Auntie?« asks Ethan who is clearly not happy with the new situation. »We were having a nice evening together.«

Heather answers with a mouth full of food: »That boy just **drives** me **crazy**.«

I stand up from the table. »I'll go and talk to him,« I say.

Ethan grabs my arm and holds me back. »No, leave it to me,« he says, getting to his feet.

Ethan leaves the room to go and talk to Jack. For a moment, no one at the table says anything. Everyone just looks at the plate of food in front of them. Then Maddy tries to smile. She looks at the German boys and asks: »So ... what's the **weather forecast** like for tomorrow?«

to drive crazy – verrückt machen + weather forecast – Wettervorhersage

Kick Out

Auf dem Weg nach Hause ist die Stimmung immer noch ziemlich angespannt. Tante Heather wirkt nach wie vor bedrückt. Jack, der sich von Ethan überreden ließ, bei uns zu bleiben, hat sich in seine eigene kleine Welt zurückgezogen und sagt nun gar nichts mehr. Er scheint sich ausschließlich für seine Schuhe zu interessieren und starrt sie die ganze Zeit an. Nur Ethan und Maddy sind wieder bestens gelaunt. Ethan hat den Abend gerettet. Zumindest glaubt er das.

Ich bin da anderer Meinung: Abgesehen von dem leckeren indischen Essen war der Abend eine absolute Katastrophe. Ethans Versuch, die Familie zusammenzubringen und für gute Stimmung zu sorgen, ist mehr als gescheitert. Sogar Ashley konnte sich nicht schnell genug von uns verabschieden. Gerade als Ethan den Nachtisch bestellen wollte, entschuldigte sie sich und sagte, dass sie Kopfschmerzen hätte. Kein Wunder. Auch mein Schädel pochte vor Anspannung. Es war schrecklich.

»See you tomorrow«, sagte ich zum Abschied, aber Ashley schaute mich so an, als hätte sie keine Ahnung, wovon ich sprach.

»Yeah ... See you tomorrow ...«, antwortete sie unsicher und verließ schnell das Restaurant. Auch sie benimmt sich nicht gerade normal. Was geht hier eigentlich ab?

Auf dem Heimweg biegen wir in die Penzance Road ein, als Ethans Tante plötzlich an der Ecke stehen bleibt und nach Luft schnappt.

»Oh, **for crying out loud!**«, flucht sie und zeigt auf einen Zeitungskasten, der genau an der Straßenecke steht. »The press have found out!«

Im Zeitungskasten ist das Titelblatt der örtlichen Zeitung *The Newquay Voice* deutlich zu sehen. Hinter der Glasscheibe lese ich die Schlagzeile: »High street bank robbed: **no trace** of **thieves.**«

Darunter ist ein Foto vom Foyer: Jack steht vor der Wand, sein Board in den Händen, und schaut zur Seite. Sowohl wegen seiner Baseballmütze und seiner Sonnenbrille als auch vom Kamerawinkel her kann man ihn überhaupt nicht erkennen. Es könnte irgendjemand sein.

Ethan legt seiner Tante den Arm um die Schultern und versucht, sie schnell von dem Zeitungskasten wegzulot-

for crying out loud! – ach du Schande! + no trace – keine Spur + thief – Dieb sen. »Come on, Auntie. Let's go home. There's no point **getting worked up about** it.«

Auf einmal fällt es mir wie Schuppen von den Augen: Steckt Ethan irgendwie hinter dem Banküberfall? Ist das möglich? War er deswegen in der Filiale, in der Heather arbeitet? Das würde erklären, warum er so hineingeschlichen ist, warum Maddy und Jack auch dort waren, warum er sich heute so bemüht, Heather bei Laune zu halten, und warum er jetzt gerade Heather so komisch anschaut. Er ist ganz blass geworden.

»Don't worry about it, Auntie«, sagt er und versucht noch mal, seine Tante von dem Kasten wegzuzerren, aber sie schaltet auf stur.

»Just a second ...« Heather holt Geld aus ihrem Portemonnaie und nimmt ein Exemplar aus dem Kasten. Während sie den Artikel überfliegt, schüttelt sie verzweifelt den Kopf und seufzt erneut: »It says here: our boss thinks it was an **inside job**.«

»It will soon **blow over**.« Ethan versucht, seine Tante zu beruhigen. »Everyone will have forgotten about it by Monday. Ten thousand pounds aren't going to hurt a bank like HSBC. The money was insured anyway. It's nothing to them.«

»But what if it was an inside job?«, schluchzt Heather,

to get worked up about something – sich aufregen + inside job – ein Angestellter hat den Diebstahl unternommen + to blow over – sich legen den Tränen nah. »That would mean one of my colleagues is a criminal! That's such a horrible feeling, Ethan. Just imagine it! Someone I work with! I'll never be able to trust anyone ever again.«

Heather lässt ihren Tränen freien Lauf. Ethan schaut Maddy unglücklich an. Maddy zuckt hilflos mit den Schultern. Sogar Jack ist von den Tränen seiner Mutter gerührt. Er geht auf sie zu und tröstet sie: »Come on, Mum. Don't get all upset. It's only money.«

Was geht hier eigentlich ab? Trösten Heather ausgerechnet die drei Menschen, die das Unglück verursacht haben? Kann das sein? Wenn ja, dann sind sie verdammt gute Schauspieler.

Heather ist vom Mitgefühl ihres Sohnes überrascht und überwältigt zugleich. Sie nimmt Jack versöhnlich in die Arme und drückt ihn fest an sich.

»Thank you, Jack«, sagt sie und hört auf zu weinen. »You're a good boy, you really are. I love you, dear. Even if I don't always **show** it.«

Ethan lenkt Tante Heather schließlich vom Zeitungskasten weg. »Come on, Auntie, let's go home. I'll make you a cup of tea«, drängt er sanft.

Die Gruppe geht weiter. Ich lasse die anderen ein Stück vorgehen, dann hole ich mir auch ein Exemplar aus dem

to show – zeigen

Kasten. Könnte das wirklich sein? Ethan ein Bankräuber? Maddy und Jack seine Komplizen? Das hört sich verrückt an. Deswegen wollte Ethan, dass wir nichts über unser Treffen mit Jack und Maddy in der Bank sagen. Deswegen konnte uns Ethan heute Abend einladen. Er hat keinen Bonus von der British Surf Association bekommen, er hat die Kohle aus der Bank in der Hand! Jetzt kapiere ich das alles!

Ich kann es kaum erwarten, bis wir endlich zu Hause sind. Schnell putze ich mir die Zähne und ziehe mich zu unserem Zelt zurück. Dort warte ich auf die Jungs, bis sie sich ebenfalls hingelegt haben. Dann hole ich die Zeitung hervor.

»Hört zu, ich muss mit euch reden«, sage ich und habe vor Aufregung eine ganz zittrige Stimme. »Ich glaube, ich weiß, wer die Bank von Heather ausgeraubt hat.«

Cruncher schaut mich erstaunt an. »Wer denn?«

»Als ihr gestern draußen vor der HSBC gewartet habt, habe ich Ethan gesehen. Er ist in der Bank durch eine Seitentür in einen Raum geschlüpft.«

»Bist du dir sicher?«, fragt Cruncher.

»Hundertpro. Deswegen verhalten sie sich alle so komisch.«

Bomba grinst. »Wenn es immer so leicht wäre, eine Bank zu überfallen – einfach durch die Seitentür reinspazieren –, dann wären wir alle reich.«

»Er hatte eine Karte dabei«, erkläre ich. »Keine Ahnung, aber er muss irgendwie an den Sicherheitsausweis von Heather gekommen sein. Vielleicht hat er ihn geklaut. Oder kopiert. Ich weiß es nicht. Aber deswegen glaubt die Polizei, dass es einer der Angestellten war.«

»Und was ist mit Maddy und Jack?«, fragt Cruncher. »Hängen sie auch mit drin?«

»Klar. Die ganze Aktion mit Maddys Hund war nur ein Ablenkungsmanöver.«

Bomba schüttelt lachend den Kopf. »Ich glaube nicht, dass Barney auf Kommando kacken kann.«

»Vielleicht hat er das gar nicht. Vielleicht war der Hundehaufen gar nicht echt. Aus Plastik oder so was. Und der Gestank kam von einem Spray oder einer Stinkbombe. Der Geruch war schon super heftig. Hat einer von euch genauer hingesehen?«

Cruncher schüttelt den Kopf. »Nein, eigentlich nicht. Maddy hat das Zeug ziemlich schnell weggeräumt.«

»Genau. So ergibt die ganze Sache Sinn. Deswegen trugen Maddy und Jack so komische Klamotten. Und wisst ihr noch, wo Jack gestanden hat? Direkt vor der Überwachungskamera! Sein Board hat die Sicht der Kamera blockiert. Die Kamera war genau auf die Seitentür gerichtet, die Ethan benutzt hat. Deswegen hat ihn niemand gesehen. Auch nicht die Polizei, als sie heute die Aufnahmen überprüft hat. Es steht hier im Artikel: Eine Kamera sei unglücklicherweise ausgefallen – das war Jack mit Ethans Board!«

Ich deute auf den Zeitungstext, den ich schnell überflogen habe.

»Dann ist Maddy seine Komplizin?«, sagt Bomba nachdenklich.

»Das ist vollkommen verrückt«, findet Cruncher. »Ethan ist ein total netter Typ.«

»Auch ein netter Typ kann eine Bank ausrauben.«

»Was sollen wir tun?«, fragt Bomba.

»Wir können ihn nicht bei der Polizei verpfeifen«, sagt Cruncher.

»Vielleicht sollten wir ihn einfach darauf ansprechen«, schlägt Bomba vor.

Cruncher lacht kurz auf. »Ja genau: ›Hallo, Ethan, mein Lieber. Sag mal, hast du vielleicht zehn Riesen aus der Bank deiner Tante geklaut?‹ Damit werden wir uns bei ihm wirklich beliebt machen.«

»Was schlägst du dann vor?«, fragt mich Bomba beleidigt.

Ich zucke mit den Schultern. »Ich weiß es nicht.«

Doch Cruncher entscheidet für uns. »Wir machen erst mal gar nichts«, sagt er entschlossen. »Wir sind hier Gäste. Gäste in einem fremden Land. Wir bleiben nur noch ein paar Wochen. Dann sind wir wieder weg. Es ist nicht unser Problem. Niemand ist verletzt worden. Was

Ethan und die anderen getan haben, ist ihre Sache. Wir halten uns raus.«

Bomba schaut mich fragend an. »Was meinst du, Mo?«

»Ich glaube, Cruncher hat recht. Ich bin keine Petze. Das ist nicht mein Stil.«

»Ich habe kein Problem damit«, stimmt Bomba zu. »Solange Ethan das Geld für einen guten Zweck ausgibt – nämlich dazu, uns zum Essen einladen –, ist es mir egal, wo er es her hat.«

»Gut, dann sind wir uns einig«, sage ich. »Vergessen wir's einfach.«

»Ja«, antworten Bomba und Cruncher gleichzeitig. »Schon passiert.«

Aber bevor wir unser Vorhaben direkt umsetzen können, hören wir einen Schrei aus dem Hof: »You can't do that, Ethan!«

Es ist Jack. Seine Stimme hört sich verzweifelt an. Schnell krabbele ich zum Zelteingang und öffne den Reißverschluss. Ethan und Jack stehen in Jacks Zimmer im ersten Stock. Ich sehe sie durch das Fenster. Sie streiten sich. Jack fuchtelt wie wild mit den Armen herum. Er ist richtig aufgewühlt. Ethan sagt etwas, aber ich kann es nicht hören. Er packt Jack am Arm und versucht, ihn zu beruhigen, doch Jack schubst seinen Cousin weg und wird wieder laut: »But that's not fair, Ethan!«

Ethan gibt auf. Kopfschüttend kehrt er Jack den Rücken zu und verlässt sein Zimmer. Kurz darauf höre ich, wie er die Haustür hinter sich zuknallt. Jack geht zum Fenster, blickt nach unten und sieht mich im Zelteingang knien. Er zeigt mir den Stinkefinger und zieht die Vorhänge zu. Eine nette Art und Weise, Gute Nacht zu sagen. Das wünsche ich dir auch, Jack!

A Perfect Surf Day

I **hardly** sleep at all that night. I keep thinking about Maddy. I have a really bad feeling about the whole situation with Ethan. It's not the stolen money that's the problem. Ethan was right about that. Ten thousand pounds is nothing for a bank like HSBC. They'll **get over** it. Heather will get over it, too. Her working life will soon go back to normal. Everything will be OK.

No, that's not the real problem. It's the **lies** I have a problem with. Lying to Heather, lying to the German boys, lying to myself. Lies don't just go away. They stay with you forever, **no matter** how hard you try to forget them. They're like **scars**. They're always there. They never leave you.

But what can I do? Nothing. Only Maddy can make things better. Only she can make things right. It's up to her. All I can do is be her friend.

hardly – kaum + to get over something – etwas wegstecken + lie – Lüge + no matter – ganz gleich + scar – Narbe

When I wake up in the morning, I do what I always do **first thing** after waking up: I check the Internet for surfing conditions. Today, the conditions are perfect. I decide to keep my promise to the German boys and take them on a local surf tour. It's a good way **to take my mind off** Maddy. So at 9 o'clock I go around to Ethan's house. The German boys are already waiting for me. Their surfboards are waxed, they've made something for lunch and have packed their rucksacks. They're **literally** standing on the doorstep when I get there, like three hungry dogs before feeding time. They can't wait to start surfing.

The German boys are really sweet. I take them to three different surf spots around Newquay. We start at Perranporth, then we do a session at Tolcarne, and when the waves get bigger later on in the afternoon, I decide to take them to Pinnacles. Mo is a very good surfer. Cruncher isn't too bad. Only Bomba has some problems. He really needs to work on his technique. He spends most of the time in the water.

The Pinnacles are five big **rocks** which stand out at sea. Good surfers like to surf **between** the rocks, like a slalom skier. They love the kick. My brother loved surfing Pinnacles. The waves have to be good though, otherwise you don't have a chance. If the waves are too good, on the

first thing – als Erstes + to take one's mind off something – sich ablenken + literally – wortwörtlich + rock – Riff + between – zwischen other hand, it can be very dangerous. Bomba and Cruncher stay out of the Pinnacles. They surf the waters around them. But Mo and I take on the rocks. It's a real **adrenalin rush**.

Anyway, I'm sitting on my board, waiting for the next good wave, when Mo paddles up to me and says: »So what did you think of dinner last night?«

»You mean the food?« I ask, trying not to think about the horrible evening at the Indian restaurant.

»No, I mean **everything else**,« says Mo.

I keep my answer short: »It was strange.«

»Yeah, it was,« Mo says as if he's going through the whole evening in his head. He falls silent for a second, then he says something that almost makes me fall off my board: »Did you hear about the robbery in Heather's bank?«

»Yes,« I reply quickly.

Mo is looking at me, **scrutinizing** me. I can feel it. But I can't look him in the eyes. I look out to sea, watching the waves come in.

After a while Mo says, »You know who did it, don't you?«

I don't know what to say. I mumble something like »no idea«, but Mo just **interrupts** me and says, »it's OK. I

adrenalin rush – Adrenalinrausch + everything else – alles andere + to scrutinize – mustern + to interrupt – unterbrechen know who did it as well. It was Ethan. Maddy and Jack helped him.«

How does he know that?! What is he? A detective or something?!

»You're not going to tell the police, are you?« I ask quickly. »Maddy is my best friend. I don't want her to get into trouble.«

»Of course not,« Mo **reassures** me. »I talked about it with Bomba and Cruncher last night. We decided to forget about it. It's **none of our business.**«

»Thanks,« I say. I trust Mo. He's the kind of guy who does what he says. »It's difficult not to think about it, right? I couldn't sleep at all last night.«

»I can understand that,« says Mo.

We sit on our boards for a while, **bobbing up and down**, our feet dangling in the water, and neither of us says anything. Eventually Mo breaks the silence again: »Why did they do it? Do you know?«

»Ethan wants to surf the North Shore,« I explain. »It's his big dream.«

Mo laughs. »It's my big dream, too, but I still don't go robbing banks.«

»I know. But Ethan is like that. When he decides to do something, nothing can stop him. And Maddy is really in

to reassure – beruhigen + none of our business – es geht uns nichts an + to bob up and down – dümpeln love with him. She would do anything for him. Jack, too.«

»Jack's crazy,« Mo says, as if there was nothing else to say about him.

»I'm going to talk to Maddy about it this evening,« I explain. »I think they should give the money back. They can put it somewhere and call the police **anonymously**. They don't have **to hand themselves in.**«

»Do you think they'll do it?«

»I don't know. Ethan wouldn't do it by himself, but maybe Maddy can **persuade** him. I think they should tell Heather about it, too. I mean, she's not going to tell the police, is she? She **adores** Ethan. And she's not going to let Jack get into trouble either.«

»And what if Maddy doesn't do it?« Mo asks.

I shrug my shoulders. »Then we'll just have to live with the lies.«

Mo looks out to sea and nods. A big wave is coming towards us. He jumps into the water and starts paddling his board around.

»Come on,« he says. »Let's surf.«

anonymously – anonym + to hand oneself in – sich stellen + to persuade – überreden + to adore – abgöttisch lieben

Wipe Out

Als wir nach Hause kommen, ist es bereits Abend. Wir gehen um das Haus herum in den Garten und stellen unsere Boards ab. Wir wollen gerade unsere Rucksäcke auspacken, als Cruncher bemerkt, dass ein Mann in Uniform neben Heather in der Küche sitzt. Ein Polizist. Heather hält sich ein weißes Taschentuch vor die Augen und weint. Jack steht hinter ihr, seine Hände tröstend auf ihre Schultern gelegt.

»Was ist denn da los?«, fragt Bomba.

»Keine Ahnung«, antworte ich, »aber es sieht nicht gut aus.«

Heather entdeckt uns im Garten. Sie gibt uns mit einem kurzen Handzeichen zu verstehen, dass wir in die Küche kommen sollen. Zu dritt betreten wir das Haus. Der Polizist nickt uns höflich zu. Heathers Augen sind rot und verschwollen. Jack schaut durch uns hindurch, als wären wir unsichtbar.

»Hello, Heather«, sage ich mit Blick auf den Polizisten. »What's happened?«

Der Polizist räuspert sich förmlich und öffnet seinen Notizblock. »And who are you?«

»They're friends of Ethan's«, antwortet Heather, während sie sich die Nase putzt und ihre Tränen trocknet. Sie deutet mit dem Taschentuch nach draußen. »They're from Germany. They're staying here in the garden.«

Der Polizist wirft einen Blick aus dem Fenster und nickt leicht irritiert. »I see …«, sagt er. »If the three of you could just give me your names, please?«

Ich liste unsere Vor- und Nachnamen auf und muss sie natürlich alle buchstabieren, da im Gegensatz zu »Zeitgeist« und »Kindergarten« die gängigen Namen »Schneider«, »Lukas« (Bombas richtiger Name) und »Ganscher« dem gewöhnlichen Engländer nicht vertraut sind. Dann wende ich mich wieder Tante Heather zu und wiederhole meine erste Frage: »Please, tell us. What's happened?«

»Ethan has gone **missing**«, erklärt Heather und bricht wieder in Tränen aus. »I haven't seen him all day.«

Ich verstehe nicht. Ethan soll verschwunden sein? Deswegen ist der Polizist hier? Aber warum hat sie Ethan bei der Polizei als vermisst gemeldet? Wir waren doch gestern Abend noch mit ihm zusammen.

Ich blicke auf die Uhr an der Wand. Es ist jetzt halb acht. Nicht gerade spät. Außerdem kommt es oft vor,

missing – vermisst

dass Ethan um diese Uhrzeit unterwegs ist. Wie kommt sie darauf, dass Ethan verschwunden ist?

Als ob Heather meine Gedanken gelesen hätte, sagt sie zur Erklärung: »Ethan always makes breakfast on Saturdays. Every Saturday. **Without fail**. Eggs, bacon, sausages, the lot. A real **fry up**. It's our Saturday **treat**, isn't it, love?«

Sie schaut Jack an, der bestätigend nickt.

Der Polizist wirkt wenig überzeugt. »And you're sure he couldn't be doing something else right now?«, fragt er. »Maybe with friends? Does he have a girlfriend, for example?«

»Yes, he does«, antwortet Heather, als sie ihre Tränen wieder unter Kontrolle hat. »Her name is Maddy, Maddy Hammond. But she hasn't heard from him all day either. I spoke to her about half an hour ago.«

»Maybe he's surfing?«, schlägt Bomba vor.

»Without his board?«, sagt Heather und zeigt aus dem Fenster. Draußen lehnt Ethans Shortboard an der Mauer. »His mobile is off as well. It's not like him at all. Normally his phone is on all the time. He didn't even sleep in his bed last night.«

Der Polizist notiert diese letzte Bemerkung, dann fragt er: »When did you last see him, Mrs Collins?«

without fail – ausnahmslos + fry up – fettiges, englisches Frühstück + treat – Vergnügen

»We went for dinner yesterday evening. Ethan invited us. All of us together. We were home around 10 o' clock.«

»And then?«, fragt der Polizist weiter nach.

»Then we all went to bed«, antwortet Heather, als würde sie den Sinn der Frage gar nicht wirklich begreifen.

»And that was the last time you saw your nephew?«

»Yes.«

Der Polizist notiert sich die Uhrzeit, dann wendet er sich an Jack. »And when did you last see your cousin?«

»Just before we went to bed. I was in the bathroom cleaning my teeth. He came in and said goodnight.«

»And did you **notice** anything **unusual** about him?«, fragt der Polizist. »Was he behaving in a strange way at all?«

»No, not at all.«

»Are you sure? There was nothing that **caught your attention**?«

Jack schüttelt den Kopf und schaut kurz zu mir. Warum erzählt er nichts von ihrem Streit? Als er seinen Cousin zum letzten Mal gesehen hat, haben sie sich heftig in die Haare gekriegt. Dann ist Ethan Türen schlagend aus dem Haus gerannt.

Der Polizist dreht sich auf dem Stuhl um und mustert

to notice – bemerken + unusual – ungewöhnlich + to catch one's attention – auf sich aufmerksam machen uns Deutsche misstrauisch. Jetzt sind wir dran. »And what about you, gentlemen? When did you last see Ethan?«

»Last night«, antworte ich wahrheitsgemäß. »When we went to bed.«

»And did you notice anything unusual about him?«

Ich schaue kurz zu Jack. Eigentlich müsste ich an dieser Stelle den Streit zwischen Ethan und Jack erwähnen. Er war mehr als auffällig. Aber Jack senkt den Blick und ich will ihn nicht verraten.

»No«, lüge ich.

Der Polizist schließt sein Notizheft und steht auf.

»Officially, your nephew is only missing if you haven't seen him for 24 hours«, erklärt er Heather. »But I'll send out a photo of him to our people. Maybe we can find him.«

Auf dem Tisch liegt ein gerahmtes Bild von Ethan. Der Polizist nimmt es in die Hand und fragt: »Can I take this with me?«

»Of course«, antwortet Heather.

»I'll give you a call in the morning, Mrs Collins«, sagt der Polizist und setzt seine Kappe auf. »I **suggest** you **get an early night tonight**. And don't worry too much about your nephew. There's usually a logical **explanation** behind these things.«

to suggest – vorschlagen + to get an early night – früh zu Bett gehen + explanation – Erklärung

Heather steht auf und gibt dem Polizisten die Hand. »Yes. I'll try.«

»Goodnight, Mrs Collins.«

»Goodnight, Sergeant.«

Auf dem Weg zur Tür geht der Polizist an Jack vorbei. Er beugt sich kurz zu ihm vor und flüstert ihm ins Ohr: »**Look after** your mother, OK?«

Jack nickt zustimmend und begleitet den Polizisten zur Haustür. Cruncher setzt sich an den Tisch neben Heather und nimmt tröstend ihre Hand. »Don't worry, Heather. The policeman is right: there's **probably** a very simple explanation. I'm sure nothing bad happened to him.«

Bomba lehnt sich verschwörerisch zu mir vor und flüstert mir ins Ohr: »Der ist bestimmt mit dem Geld abgehauen.«

»Ohne sein Board mitzunehmen?«, sage ich. »Das glaube ich kaum.«

»Wo könnte er denn sonst sein?«, fragt Bomba.

Ich zucke mit den Schultern und betrachte Jack, der am Ende des Hausflurs die Tür hinter dem Polizisten schließt. »Keine Ahnung. Aber ich würde zu gerne wissen, worüber er sich mit Jack gestern Nacht unterhalten hat.«

»Ich auch«, sagt Bomba, als Jack in die Küche zurückkommt. »Wir fragen ihn einfach mal.«

to look after someone – sich um jemanden kümmern + probably – wahrscheinlich

Betrayal

After the long day of surfing with the German boys I'm **exhausted**. It was great fun and I really enjoyed spending the day with them. They loved it, too. After saying goodbye to them at Ethan's house, I **give** Maddy **a call**. We need to talk. As soon as I hear her voice on the phone, I know that something is wrong. I ask her what the matter is, but she just **bursts into tears**. She's crying so much, she can hardly speak.

»Just stay right where you are,« I say to her on the phone. »I'll be there in five minutes.«

I quickly bring my board back to my house, then I hurry over to Maddy's place. Maddy is sitting on her bed, her knees tucked under her chin, a box of **tissues** next to her. Dozens of wet tissues are lying on the floor. She looks terrible. Her hair is a **mess**, her eyes are red and swollen, her face is **pale**. She looks like someone just died.

exhausted – erschöpft + to give someone a call – jemanden anrufen + to burst into tears – in Tränen ausbrechen + tissue – Taschentuch + to be a mess – unordentlich sein + pale – blass

»What's happened?« I ask straightaway.

»It's Ethan,« she says, trying not to cry. »He's gone!«

I sit down next to Maddy and put my arm around her. »What do you mean, he's gone?« I ask. »Gone where?«

»To Hawaii!« she **sobs**, unable to hold back the tears. »Without me.«

I don't understand. Ethan has left already? Without Maddy? That can't be true.

»How do you know?« I ask.

»I can feel it,« says Maddy, slapping her hand against her heart. »I can feel it here. I just know he's gone. He's taken the money and left without me. You were right **all along**. Ethan was just using me.«

»He's taken the money?« I repeat, surprised. »Are you sure?«

Maddy doesn't answer my question. Instead she blows her nose into the handful of tissues and says, »I've been calling him all day, but his phone is off. I've left him hundreds of **messages**, but he hasn't called back. I spoke to Heather. She hasn't seen him since yesterday evening either. He didn't even sleep in his bed last night. I called his work, too. His boss told me he was meant to give a surfing lesson this afternoon, but he didn't **turn up**. Ethan has never missed a lesson. His boss is really worried

to sob – schluchzen + all along – die ganze Zeit + message – Nachricht + to turn up – erscheinen about him, too. It doesn't make sense. Where is he? It's like he's **disappeared off the face of the earth.**«

I think about Maddy's explanation for a moment. Would Ethan really do this to her? Would he really **cheat** on her like this? Would he really take the money and run? Ethan makes his own **rules**, that's for sure, but he's not cruel. He's not a bad person. I remember when my brother died, Ethan was like a zombie for weeks. Months even. He **blamed** himself for going out with Rob that day. But it wasn't his fault. It wasn't anybody's fault. Rob chose to do it. Nobody forced him. He and Ethan went out there because they wanted to. It could have been Ethan who died.

After my brother's death, Ethan even went to see a psychologist. She helped him get over his **guilty feelings**. Bad people don't feel guilty. That's what makes it possible for them to be bad. Ethan might be difficult some times, but he's not a monster.

»Where did you **hide** the money?« I ask after thinking things through.

Maddy stops crying and dries her eyes. »I don't know. Ethan did that. He said he wanted to put it somewhere safe. Somewhere no one would find it. He said we should **lie low** for a while. Keep our heads down. He didn't want to touch the money until the winter. Apart from paying

to disappear off the face of the earth – vom Erdboden verschwinden + to cheat – betrügen + rule – Regel + to blame someone – jemandem die Schuld geben + guilty feeling – Schuldgefühl + to hide – verstecken + to lie low – sich versteckt halten for the dinner the other night. He said he could get us cheap flights to Hawaii through a friend of his.«

»So you don't know **for sure** that the money's gone?« I check.

Maddy shakes her head. »I never even saw it. But **where else** would Ethan be? He can't just disappear like that without a **reason.**«

»Maybe something has happened to him,« I say. »I don't think he's gone to Hawaii. He wouldn't do that to you. Just because he's not answering your calls doesn't mean he's left Newquay. I think we should wait a while. I'm sure he'll call you soon.«

»You really think so?« asks Maddy. She looks at me with her big brown eyes and tries to smile.

»I do,« I say, squeezing her tight. »Everything will be OK. Ethan hasn't left you. He's just not that kind of guy.«

I just hope I'm right.

for sure – ganz bestimmt / sicher + where else? – wo sonst? + reason – Grund

Stoked

Für den Rest des Abends geht uns Jack aus dem Weg. Er will nicht mit uns reden. Das kann ich gut verstehen. Ihm ist klar, dass wir seine Falschaussage bemerkt haben. Die Frage ist: Warum verheimlicht er der Polizei den Streit? Und wo wollte Ethan Freitagnacht noch hin?

Kurz nach dem Polizeibesuch verlässt Jack das Haus. Laut Heather will er einen Kumpel besuchen, aber wer weiß, ob er ihr wirklich die Wahrheit sagt. Wir bleiben bei Heather und kochen für sie. Sie ist mit den Nerven am Ende. Immer wieder blickt sie auf Ethans Board draußen im Garten, dann seufzt sie traurig und wischt sich eine Träne weg. Wir tun unser Bestes, um sie aufzuheitern, aber es bringt nichts. Sie hat zwei schreckliche Tage hinter sich. Erst die Sache mit dem Banküberfall und jetzt die Ungewissheit über Ethans Verbleib. Ich kann ihre Verzweiflung gut verstehen.

Zum Glück beherzigt sie den Rat des Polizisten und geht früh ins Bett. Wir bleiben wach und warten auf Jack.

Ich bin gespannt auf das Gespräch mit ihm. Ich will unbedingt die Wahrheit erfahren.

Aber Jack kommt nicht. Es ist fast zehn Uhr, als sich Bomba schlafen legt. Es war ein langer Tag für uns. Viel frische Luft, viele Wellen, an drei verschiedenen Orten. Wir sind ausgepowert. Auch ich werde langsam müde. Eine halbe Stunde später schläft auch Cruncher ein. Ich halte noch am Zelteingang Wache, aber meine Augenlider werden immer schwerer und ich merke kaum, als mich der Schlaf übermannt.

Am nächsten Tag sind wir früh wach und halten Ausschau nach Jack. Es ist ein wunderschöner Sommertag. Der Himmel ist blau, die Sonne scheint, die Vögel zwitschern. Eine leichte Brise weht um das Zelt. Heute herrschen bestimmt wieder perfekte Surfbedingungen. Aber fürs Surfen haben wir heute leider keine Zeit. Wir wollen Jack zur Rede stellen.

Es dauert nicht lange, bis Ethans seltsamer Cousin auftaucht. Er schlurft in seinem Pyjama in die Küche und macht sich eine Tasse Tee. Schnell verlassen wir unser Zelt und flitzen über den Rasen.

»Morning!«, begrüße ich Jack gut gelaunt, als wir die Küche betreten.

»Morning«, murmelt er mürrisch und holt sich Cornflakes aus dem Schrank.

»We wanted to talk to you about Ethan«, sagt Cruncher, und wir umzingeln ihn, damit er nicht entkommen kann.

Jack dreht sich zu uns um, den Rücken zur Wand, und schaut uns misstrauisch an. »What about him?«

»We wanted to ask you why you lied to the police yesterday«, sage ich und mustere sein Gesicht.

Aber Jack zuckt nicht mal mit der Wimper, kein Anzeichen von Schuldgefühlen oder Überraschung. »What are you talking about?«, zischt er genervt.

»You had an **argument** with Ethan on Friday night«, fahre ich unbeirrt fort. »I saw you through your bedroom window. Ethan left the house after the argument. It must have been around 11 o'clock.«

»So what?«, sagt Jack gleichgültig.

»Don't you think that's an important piece of information for the police?«, frage ich.

Jack zuckt mit den Schultern und schüttelt den Kopf. »No, I don't.«

»So tell us: where did he go?«, hake ich nach.

Jack lacht verächtlich auf. »How am I meant to know?«

»He didn't say?«

»No, he didn't. I'm not his mother.«

Das ist wohl wahr.

argument – Streit

»So what were you arguing about then?« Ich werde so lange weiterfragen, bis Jack uns Antworten gibt. Ich weiß, dass er etwas verheimlicht.

Jack grinst hämisch. »That's none of your business, is it?«

Cruncher verliert die Geduld und platzt dazwischen. Er tritt ganz nah an Jack heran und flüstert. »If Ethan isn't back here by lunch, we're going to tell the police about what we saw on Friday night.«

Aber seine Worte lassen Jack kalt. »Feel free«, murmelt er lässig. »**I don't care.**«

»Klar«, sagt Bomba wütend. »Dir ist alles egal.«

Ich versuche es mit einer neuen Herangehensweise: »What were you doing at the bank on Friday afternoon?«

»What is this?«, blafft mich Jack an. »A Gestapo **interrogation**?«

»Answer the question!«, droht Bomba und ballt die Fäuste.

Jack fühlt sich sichtlich angegriffen. »What bank are you talking about?«

»The bank where your mother works. You were there with Maddy and Ethan on Friday afternoon. Ethan stole the money, right? And you helped him.«

I don't care – das ist mir egal + interrogation – Verhör

Jack lacht, aber sein Lachen klingt aufgesetzt. »You must be joking!«

»We saw you!«, zischt Cruncher giftig. »All three of us.«

»Now that really would be an important piece of information for the police, wouldn't it?«, sage ich provozierend. »I can already see the **headline** in the local newspaper: ›Bank thieves found two days after the robbery. Son of **employee** arrested by police‹.«

»Listen, I don't know why you're **picking on** me«, weicht Jack aus. »Maybe I should be asking you the same questions.«

»Just tell us what happened with Ethan«, beharre ich. »Then we'll leave you alone.«

Jack denkt eine Weile nach, dann knickt er endlich ein. »Ethan and I argued because he said he was leaving«, gibt er schließlich zu. »He said he wanted to go to Hawaii. Straightaway. He said he didn't want to wait until the winter. He wanted to leave right now, that night. He wanted to give me my **share** of the money and keep the rest for himself.«

»And you had a problem with that?«, frage ich.

»I thought it would be unfair on Maddy«, antwortet Jack.

headline – Schlagzeile + employee – Angestellte(r) + to pick on someone – auf jemandem herumhacken + share – Anteil

Bomba grinst spöttisch. »That was nice of you.«

»And then?«, frage ich.

Jack zuckt mit den Schultern. »That was it. That was the end of the argument. I told him I didn't think it was fair, and then he left. He just walked out of the house and was gone. He took the money and left.«

Ohne Gepäck? Ohne sein Board? Ohne sich von seiner Tante oder von Maddy zu verabschieden?

Oder vielleicht habe ich Ethan falsch eingeschätzt?

Doch bevor ich nachfragen kann, klingelt es an der Haustür. Jack schaut uns unsicher an, während seine Tante gähnend die Treppe herunterkommt. Sie trägt noch ihren Morgenmantel und beachtet uns nicht weiter. Stattdessen schlurft sie zur Haustür und öffnet sie. Auf der Fußmatte wartet der Polizist von gestern, doch diesmal ist er nicht allein: Ein Mann und eine Frau in Zivil stehen hinter ihm.

»Oh, good morning, Sergeant«, sagt Heather überrascht und ist mit einem Mal hellwach.

Doch das Gesicht des Polizisten ist finster. »Good morning, Mrs Collins. **I'm afraid** I have some bad news: I'm going to have to ask you to come with me …«

»Why? What's happened?«, fragt sie irritiert.

Die Frau in Zivil holt einen Ausweis aus ihrer Brust-

I'm afraid – leider

tasche hervor und zeigt ihn Heather. »My name is Chief Inspector Simmons, and this is my colleague, Dave Roberts.«

»It's to do with the bank where you work, Mrs Collins«, ergreift der Mann das Wort. »You're **under arrest**. For robbery. Please come with us …«

to be under arrest – verhaftet sein

The Calm before the Storm

In the morning Maddy calls me and tells me she wants to go around to Ethan's place. She says she wants to be there for Heather and give her some **support**. She's also hoping that Heather will have heard something from Ethan. She asks me if I can come with her. I say ›yes‹ straightaway. But when we get there, Heather isn't at home. Jack opens the door.

»Any news from Ethan?« Maddy asks before even saying hello.

Jack shakes his head and doesn't say a word in reply. He's in an extra bad mood today.

»Is your mum around?« I ask.

Again Jack shakes his head, still **refusing** to speak.

»What about the German boys?« I ask. »Are they here?«

»They're out in the back,« he says and closes the door in our faces.

support – Unterstützung + to refuse – sich weigern

We take the **path** around the side of the house and go into the garden. The German boys have **taken** their tent **down**. They're now packing their rucksacks. The tent is lying on the ground at their feet. They didn't tell me they were leaving.

»Hi guys!« I say. »What are you doing?«

»We're moving to a camp site,« Cruncher says. He looks really miserable. »Jack said he doesn't want us to stay here while Heather is away. His grandparents are coming to look after him. They're going to be here in an hour. He wants us to leave before they arrive.«

»Heather's gone away?« asks Maddy, **amazed**. »Where to?«

Mo looks at Maddy in surprise. »Don't you know?« he asks. »Jack told us he called you ...«

Which was a lie, because Jack definitely didn't call us. Neither Maddy nor I have any idea what Mo is talking about.

»You really don't know?« he says. »Well ... erm ... you see ... Heather has been arrested.«

»Oh my God!« Maddy gasps. »What for?«

»They **traced** her security card,« Mo explains. »They said it was the last security card to be used to enter the bank on Friday. So they arrested her.«

path – Weg + to take down – abbauen + amazed – erstaunt + to trace – nachspüren / ausfindig machen

Maddy sits down on the terrace steps and **buries** her face in her hand. »This is a **nightmare!**« she cries, shaking her head in her hands. »Heather arrested? What am I going to do now?«

I sit down next to her and put my arm around her. The world has gone crazy. Ethan's aunt under arrest, Ethan missing, and Maddy **involved** in a bank robbery! There's only one **solution:** »You're going to have to go to the police now,« I tell Maddy. »You can't let Heather **take the rap** for this. It's over, Maddy. It's time **to come clean.**«

»Ashley is right,« says Mo. »It's not fair if Heather goes to **prison** because of what you and Ethan did.«

Maddy looks up at Mo in surprise and **turns as white as a sheet.**

»They're not stupid,« I tell her. »Mo saw Ethan at the bank. They know what happened.«

Suddenly a voice comes from behind us: »No one is going to the police.« I turn around and see Jack standing in the kitchen door. He's been listening to our conversation. »Mum didn't rob the bank,« he says calmly. »And the police know it.«

»What makes you think that?« I ask.

»Because she was **serving behind the till** when the card was used,« he explains. »No one can be in two places at

to bury – begraben + nightmare – Albtraum + to involve – verwickeln + solution – Lösung + to take the rap – die Schuld auf sich nehmen + to come clean – auspacken + prison – Gefängnis + to turn as white as a sheet – kreidebleich werden + to serve behind the till – an der Kasse arbeiten the same time. All she has to do is tell the truth: the card was stolen.«

And we all know who stole it: Ethan.

»The police can't **pin** the robbery **on** my mum,« Jack continues. »They're just bluffing. They want **to put** her **under pressure**. If we all keep our mouths shut, nothing will happen. Telling the police the truth isn't going to help Mum at all. She'd die if she knew Ethan was behind this, **let alone** me and Maddy.«

That's certainly true. Going to prison for **a crime** she didn't **commit** would probably be better for Heather than finding out that her beloved nephew robbed the bank where she works.

»The best thing is: we don't do anything,« says Jack, looking at us one after the other, from Mo to Cruncher, and from Maddy to me. I think it's the first time he's ever looked me in the eyes. »Mum is **innocent** – and the police know it. She'll be back here by tomorrow, you'll see.«

Who knows? Maybe Jack is right. I certainly hope so. The sooner this thing is **cleared up**, the better.

to pin something on someone – jemandem etwas anhängen + to put under pressure – unter Druck setzen + let alone – geschweige denn + to commit a crime – ein Verbrechen begehen + innocent – unschuldig + to clear up – aufklären

Time Out

Unser Campingplatz heißt Hendra Holiday Park und ist angeblich der größte Campingplatz in England, zumindest hat Ashley uns das erzählt. Hendra ist wie eine kleine Stadt für sich. Es gibt hier alles: eine eigene Bäckerei, einen Fish-'n'-Chips-Laden, einen kleinen Supermarkt, ein Schwimmbad, eine Diskothek und sogar ein kleines Kino. Eigentlich muss man das Grundstück gar nicht verlassen, um Urlaub zu machen. Was fehlt, ist das Meer, aber auch das ist nicht weit entfernt. Obwohl sich Hendra außerhalb von Newquay befindet, können wir zu Fuß zum Fistral Beach gehen.

Der Abschied von Jack fiel uns nicht schwer. Im Gegenteil, es war sogar eine Erleichterung. Nachdem er bei uns im Garten aufgetaucht ist, haben wir ihn gar nicht mehr gesehen. Er verschwand nach oben, während Ashley und Maddy uns geholfen haben, unsere Sachen zusammenzupacken. Sie haben uns noch zum Campingplatz begleitet. Eine Freundin von ihnen arbeitet hier im Holiday Park.

Sie konnte uns sogar einen kleinen Rabatt geben. Jetzt haben wir unser Zelt wieder aufgebaut und alles eingerichtet. Wir fühlen uns hier schon wie zu Hause.

Am Abend, als wir in unseren Schlafsäcken liegen, sagt Bomba nachdenklich: »Ich frage mich gerade, ob wir Ethan je wiedersehen werden.«

»Wahrscheinlich nicht«, sagt Cruncher.

»Und Heather?«, überlegt Bomba.

»Jack hat schon recht: Die Polizei hat nichts gegen sie in der Hand«, sage ich. »Sie wird bestimmt bald wieder freigelassen. Dann besuchen wir sie mal.«

Wir verstummen und denken noch einmal über die Ereignisse der letzten drei Tage nach. Nach einer Weile bricht Bomba erneut das Schweigen: »Glaubt ihr wirklich, dass Ethan abgehauen ist?«

Cruncher rollt sich auf die Seite und stützt seinen Kopf in die Hände. »Wir kennen ihn kaum«, sagt er. »Alles ist möglich.«

Bomba betrachtet nachdenklich die Zeltdecke und schüttelt den Kopf. »Irgendetwas stimmt doch nicht an der Sache«, grübelt er. »Ich meine, ich kann mir einfach nicht vorstellen, dass Ethan Maddy so ausnutzen würde. Und dann abhauen? Einfach so? An seiner Stelle hätte ich Maddy mitgenommen.«

Das ist mir schon klar.

»Wir sind sowieso aus der Nummer raus«, sagt Cruncher. »Jetzt ist es ihr Problem. Wir können nichts mehr tun.«

»Und was ist mit Maddy?« fragt Bomba. »Glaubt ihr, dass sie zur Polizei gehen wird?«

»Sie hat Angst«, sagt Cruncher. »Sie hängt mit drin.«

Am nächsten Tag sind wir bereits um neun Uhr am Strand. Das Wasser sieht nicht sehr vielsprechend aus. Es hat zwar Wellen, aber sie sind ziemlich klein. Die sind höchstens was für die Bodyboarder, aber nichts für ernsthafte Surfer. Deswegen freue ich mich richtig, als Mr und Mrs Jones auf dem Parkplatz auftauchen. Sie schleppen ihren vollgestopften Anhänger über den Sand und richten sich auf ihrem Stammplatz ein. Wir gehen zu ihnen rüber und begrüßen sie.

»Where were you at the weekend?«, fragt uns Mrs Jones beleidigt. »We missed you.«

»We went surfing with a friend on Saturday«, erkläre ich. »And yesterday we moved to a camp site, so we didn't have time to come to the beach.«

»That's a **shame**«, sagt Mr Jones mit funkelnden Augen. »The waves were pretty good yesterday.«

»**Apparently** there's going to be a big **storm** this evening«, erzählt uns Mrs Jones. »They said so on the radio. All the beaches are going to be closed this afternoon.«

a shame – Schande + apparently – angeblich + storm – Sturm

Das hört sich gut an. Ein kleiner Sturm könnte die Wellen hier ein bisschen aufpeitschen.

»There will be no surfing either«, erklärt Mr Jones weiter und zerschlägt damit unsere Hoffnung. »It's too dangerous apparently. The lifeguards are going **to evacuate** the beach later. Oh look, there's one of them coming already. I hope he doesn't want us to leave now.«

Die Lifeguards – also die Rettungsschwimmer – patrouillieren jeden Tag am Strand. Sie sind immer zu zweit und haben ihre eigene Hütte auf einer Düne. Die meisten von ihnen sind Surfer. Das sieht man: durchtrainierter Oberkörper, braun gebrannte Haut, wie in einer Sonnencremewerbung. Einer von ihnen kommt gerade auf uns zu.

»Good morning!«, begrüßt er uns freundlich. »I just wanted to check you heard about the storm this afternoon.«

Mrs Jones nickt eifrig. »I certainly did, young man. It's going to be a big one.«

Der »junge Man« schaut aufs Meer hinaus. Es sieht überhaupt nicht so aus, als würde ein Unwetter aufziehen. »That's right, ma'am. Things could **get** pretty **ugly** around here later.«

»You just tell us when we have to leave«, sagt Mr Jones hilfsbereit.

to evacuate – räumen / evakuieren + to get ugly – hässlich werden

»I will, sir. I will.« Der junge Mann deutet auf unsere Boards. »And you can forget those for today. I'm going to be clearing the water in about an hour. From midday, no one is **allowed** in the sea.«

»Na super«, seufzt Bomba enttäuscht. »Endlich ein ordentlicher Sturm, und wir dürfen nicht raus ...«

»Ich habe keine Lust auf Scrabble«, flüstert mir Cruncher zu und blickt nervös auf das Brettspiel, das zwischen Mr und Mrs Jones liegt.

»Ich auch nicht«, stimme ich ihm zu.

»Well ... I'll see you later then«, sagt der Lifeguard. »I'll be back in an hour.«

Er geht weiter zur nächsten Familie und führt mit ihnen das gleiche Aufklärungsgespräch. Endlich haben er und sein Kollege etwas zu tun. Die meiste Zeit hocken sie nur herum und warten darauf, dass sie jemanden retten können – was auch nicht allzu oft der Fall ist.

»Hier ist nichts los«, sagt Bomba. »Lasst uns lieber in die Stadt gehen.«

»Was sollen wir dort machen?«, fragt Cruncher.

»Keine Ahnung. Ich hätte Lust auf einen Burger.«

Cruncher überlegt kurz, dann lächelt er. »Das ist eine gute Idee.«

Wir verabschieden uns von Mr und Mrs Jones und lau-

allowed – erlaubt

fen in die Stadt. Der beste Hamburgerstand in Newquay – laut Ethan – steht an der Ecke Bank Street und Beachfield Avenue. Wir haben schon einmal dort mit ihm gegessen. Schon auf der Hauptstraße weht mir der Geruch von gebratenem Fleisch in die Nase. Das haben wir uns jetzt wirklich verdient. Das Wochenende war total anstrengend. Und jetzt, wo wir nicht mal surfen dürfen …

Wir stellen uns in der Schlange vor dem Hamburgerstand an. Er ist ziemlich gut besucht, weil gerade Mittagszeit ist. Erst dann sehe ich, dass Jack Collins ebenfalls in der Schlange vor uns steht. Eine sechsköpfige Familie – vier Söhne und die Eltern, alle in Englandtrikots – trennt uns voneinander.

Jack bestellt gerade an der Theke: »Two hamburgers with extra cheese, tomatoes and no onions, please. And a large portion of chips.«

»Zwei Hamburger?«, sagt Bomba erstaunt. »Aber der Waschlappen isst doch gar kein Fleisch!«

Das stimmt wohl. Als wir hier mit Ethan waren, hatte er auch einen Hamburger mit Extra-Käse und ohne Zwiebeln bestellt. Warum isst Jack plötzlich genau das Gleiche wie Ethan? Ist er über Nacht zum Fleischfresser mutiert? Oder sind die beiden Hamburger mit Extra-Käse vielleicht für Ethan?

Cruncher denkt genau dasselbe wie ich. »Wir sollten ihm folgen«, flüstert er mir zu.

»Köpfe runter!«, ruft Bomba, als sich Jack mit der vollgepackten Papiertüte umdreht.

Zum Glück ist die Familie vor uns ziemlich breit. Wir können uns problemlos hinter ihren fülligen Körpern verstecken, bevor uns Jack sieht. Er geht schnurstracks an uns vorbei und biegt rechts in die Bank Street ein.

»Kommt, Jungs! Hinterher!«

Wir folgen Jack die Hauptstraße entlang. Er geht den Hügel hoch, stadtauswärts, aber nicht in Richtung Fistral Beach. Er streift durch eine edle Wohnsiedlung und geht den Berg auf der anderen Seite hinab. Bald erreicht er den Gannel, den Fluss, der die Stadt Newquay vom Nachbardorf Crantock trennt. Der Fluss fließt direkt ins Meer und ist deswegen den Gezeiten unterworfen. Jetzt ist gerade Flut, das heißt, das Wasser ist hoch. Es gibt eine kleine Fußgängerbrücke, die über den Fluss führt. Jack überquert den Gannel und läuft den steinigen Küstenweg hinauf. Der Blick nach unten ist spektakulär. Die Felswände fallen steil ins Meer hinab. Ein falscher Fußtritt und das war's.

Die ganze Zeit hält Jack die Tüte mit den Hamburgern in der Hand, ohne etwas zu essen. Auf dem Küstenweg können wir ihn nicht mehr aus den Augen verlieren. Hier gibt es nämlich keine Häuser mehr. Auch keine Bäume. Nur diesen einen Weg, der von hochgewachsenem Heidekraut gesäumt ist.

Gelegentlich kommen uns ein paar Spaziergänger entgegen und grüßen freundlich mit einem heiteren »Afternoon!«. Der Weg ist derart schmal, dass wir uns quasi in die Hecken drücken müssen, um sie an uns vorbeizulassen. Außerdem haben wir ja noch unsere Surfboards dabei.

Wir gehen um Crantock Beach herum und steigen weiter den Felsweg hinauf. Der breite Strand unter uns ist jetzt menschenleer. Nur die Lifeguards sind in ihrem rotweißen Jeep zu sehen. Der Wind wird stärker, das Meer immer unruhiger. Je höher wir aus der Bucht aufsteigen, desto weniger Schutz geben uns Hecken und Heidekraut. Der Weg ist jetzt völlig einsehbar. Der Wind peitscht gegen unsere Boards.

Vor uns taucht ein Leuchtturm an der Landzunge auf. Ein hohes, achteckiges Gebäude, das in den grauen Himmel ragt. Es steht leer. Das weiß ich, weil mir Ashley davon erzählt hat, als wir bei den Pinnacles gesurft sind. Die turmartigen Felsen im Meer müssen hier irgendwo in der Nähe sein, vermutlich auf der anderen Seite des still gelegten Leuchtturms.

Jack geht auf den Leuchtturm zu. Kurz bevor er ihn erreicht, schaut er prüfend über seine Schulter zurück. Wir werfen uns zu Boden und hoffen, dass der Abhang reicht, um uns zu verbergen.

Als ich wieder aufschaue, steht Jack schon am Eingang

des Leuchtturms und öffnet das schwere Schloss. Wir lassen unsere Boards auf dem Boden liegen. Dank des Gefälles ist die Stelle windgeschützt. Die Boards werden nicht wegfliegen. Wir können sie wieder abholen, sobald wir wissen, was genau Jack hier will.

Auf allen vieren kriechen wir näher an den Leuchtturm heran. Jack verschwindet durch die Tür und verschließt sie hinter sich. Wir stehen auf und laufen den Abhang hinauf. Außer Atem erreichen wir den Leuchtturm. Die Tür ist von innen abgeschlossen. Ich lehne mein Ohr dagegen. Es klingt so, als würde Jack gerade eine Metalltreppe hinaufsteigen.

Ich drehe mich atemlos zu Bomba und Cruncher um. »Ich wette, Ethan ist da drin.«

The Storm

I'm standing on top of the **cliff** at Kelsey Head, looking down at the Pinnacles. The wind is blowing so hard, it's difficult to stand upright. I have to put my board down on the ground and stand on top of it so that it doesn't get blown away. Then I look down at the sea again. The weather forecast was right: this storm is really **awesome**. The Pinnacles look like something out of a fantasy film. The waves are **lashing** against the rocks as if they were trying to knock them over. Every now and then, a perfect wave comes along, at least six foot high, curling up majestically before crashing down between the rocks. I've never seen waves this big before.

When I got back from school this evening, Mum was watching TV in the lounge. I hadn't heard anything about the storm at that point. I was about to go up to my room when I heard the words *Hurricane Donald* come

cliff – Klippe + awesome – fantastisch + to lash – peitschen from the TV. I **stopped dead in my tracks**. *Hurricane Donald* was the storm in which my brother died.

Mum was watching the news. The weather forecast was on. I stood in the corridor, looking into the living room over Mum's shoulder, watching the weather presenter talk about the biggest storm of the year.

»I'm sure you all remember *Hurricane Donald* last year,« he said, showing some pictures of the **damage** done by the hurricane last April. »Well, it looks like Cornwall and other parts of Southwest England are going to take another beating from a storm that is brewing along the coast. As you can see behind me, this area of **high pressure** coming in from the Atlantic is going to create some very rough weather, particularly around the Newquay area. As a **precautionary measure**, all the beaches along the northern Cornish coast are going to be closed for the rest of the day. The British Surf Association has sent out a warning to all surfers not to surf. Conditions are too dangerous. Lifeguards will be patrolling the beaches all evening to make sure no one ignores the warning. But no doubt a few crazy surfers will be out there, riding the biggest waves the Cornish coast has seen for a long time ...«

I didn't wait for the weather forecast to finish. I didn't

to stop dead in one's tracks – wie angewurzelt stehen bleiben + damage – Schaden + high pressure – Hochdruck + precautionary measure – Vorsichtsmaßnahme want Mum to see me. I quickly went out the back, took my board, and hurried over here to Kelsey Head.

I have to do this. I can feel it inside me. I can't let an **opportunity** like this go by. I know it's about Rob. I want to do what he did – and I want to survive it. I don't know why I want to do it. It's crazy, I know, but I just feel it's the right thing to do. Like a test or something. It's the only way I can ever **get over** the pain of losing him. It's the only way I can say it's OK for me to be alive. It's time to say goodbye to Rob.

Since Rob died last year, I have always asked myself the question: Why him? Why not me? Why didn't I have a surfing accident? It could have happened so many times. Every year people die in the Cornish waters. They are killed by the sea. The sea is more **powerful** than most people know. Particularly today.

Last year, the sea took my brother. I hope it won't take me today.

I **climb** down the cliff path to the beach. There's nobody around, only the lifeguards on the beach. They're sitting in their jeep, watching the sea. I know how to get into the water without them seeing me. There's a little **cove** on the north side. I have to climb over some rocks to get to it. From there I can get into the sea easily. By

opportunity – Gelegenheit + to get over something – mit etwas fertig werden + powerful – mächtig + to climb – klettern + cove – kleine Bucht the time I've paddled out, the lifeguards won't be able to stop me.

I reach the cove and am just about to go into the water when I look up to the **lighthouse** on the headland. Three people are standing in front of it, **banging** at the door. For a second, I think that one of them is Mo. I wonder what they're doing there. That lighthouse has been closed for years.

But now there's no time to find out what the German boys are doing there. I look back out to sea. The waves are gigantic. **My heart is beating** like crazy. I say a short **prayer**, jump into the water and start paddling out to the Pinnacles.

lighthouse – Leuchtturm + to bang – schlagen + my heart is beating – mein Herz klopft + prayer – Gebet

Impact Zone

»Open the door, Jack! We know you are in there!«

Wir hämmern mit den Fäusten gegen die Eisentür, bis unsere Hände wehtun. Über uns wird der Himmel stockdunkel. Ein gewaltiger Sturm zieht übers Meer. Die Wellen türmen sich meterhoch auf. Kein einziger Surfer weit und breit – und das ist gut so, denke ich. Heute wäre das Wellenreiten ein Spiel mit dem Tod.

»Open the door, Jack«, brülle ich noch einmal. »Or we'll call the police.«

»Er kommt nicht.« Bomba hört auf zu klopfen.

»Natürlich kommt er«, widerspricht Cruncher mit einem extrafesten Faustschlag gegen die Tür. »Open the *verdammte* door, Jack! Or we'll call the police in three seconds. One, two …«

Endlich höre ich ein Geräusch im Inneren des Leuchtturms. Jemand kommt die Metalltreppe herunter. Nach ein paar Sekunden macht Jack die Tür einen Spalt auf und späht misstrauisch heraus.

»What are you doing here?«, zischt er genervt.

»That's what we wanted to ask you«, antworte ich und stelle schnell meinen Fuß zwischen Tür und Rahmen, damit er uns nicht wieder ausschließen kann. »Who was the food for, Jack?«

Jack zuckt mit den Schultern, als wüsste er nicht, wovon wir sprechen. »What food?«, fragt er.

»The two hamburgers and chips!«, sage ich wütend. Für wen hält er uns? »We saw you buy them at the hamburger stand.«

»Or have you forgotten you don't eat meat?«, fügt Bomba spöttisch hinzu. »Du blöde Saftgurke!«

Jack zögert, sichtlich beunruhigt, und fängt an, sich eine Antwort zusammenzustricken. »I ... they were for ... It was ... « Dann ändert er seine Strategie und kommt mit einer empörten Gegenfrage: »Why are you following me?«

Auf das Spielchen gehe ich nicht ein, mein Freund.

»Ethan is here, right?«, frage ich direkt. »He's in the lighthouse?«

»No, he's not. Ethan is in Hawaii.« Jack schüttelt energisch den Kopf.

»Then let us in«, sagt Cruncher und drückt gegen die Tür. »We want to see for ourselves.«

Jack hält dagegen. »No! You can't come in here!«

»Kommt, Jungs«, sage ich entschlossen. »Wir gehen rein.«

Zusammen drücken wir gegen die schwere Eisentür. Jack hat keine Chance. Er stolpert zurück und die Tür schwingt auf.

Der Innenraum des Leuchtturms ist dunkel und muffig. Eine dicke Staubsicht bedeckt das Mobiliar und Gerümpel, das hier jemand abgestellt hat. Spinnennetze hängen von den Balken und der Decke. Der Boden ist ein einziger Müllhaufen: kaputte Möbel, ein Haufen Schrott und leere Kisten. Die schmalen Fenster sind fast schwarz vor Dreck. Mitten im Raum führt eine Wendeltreppe aus Metall nach oben, sie ist ebenfalls in Spinnennetze und Staub gehüllt. »Da hoch!«, sage ich schnell.

Wir lassen Jack stehen und eilen die Treppe hinauf. Im ersten Stock gibt es eine Tür. Sie ist verschlossen. Ich klopfe dagegen und rufe Ethans Namen, aber es kommt keine Antwort. Wir gehen ein Stockwerk höher. Auf dem nächsten Treppenabsatz finden wir eine zweite Tür. Wieder rufe ich Ethans Namen und drücke gleichzeitig die Tür auf. Sie gibt laut knarrend nach.

Der Raum im zweiten Stock ist ganz anders als der unten. Er ist klein und sehr ordentlich, mit richtigen Möbeln und ohne Müll auf dem Boden. Die Fenster sind geputzt, die Regale staubfrei. Alles ist aufräumt. Das Zimmer wirkt sogar recht gemütlich. Aber das ist nicht das Erstaunlichste an diesem Raum.

Mitten im Zimmer sitzt Ethan am Tisch, vor ihm die

Hamburger und Pommes, ausgebreitet auf der aufgerissenen Papiertüte. Als ich den Raum betrete, schaut er überrascht hoch und wischt sich den Ketchup aus den Mundwinkeln.

»Hey, Mo! What are you doing here?«, fragt er freundlich.

Ich erstarre. Das ist nicht das Bild, das ich erwartet habe. Ich dachte, Jack hätte Ethan hier eingesperrt. Aber das stimmt nicht. Keine Spur von Gewalt, keine Ketten oder Klebeband. Ethan scheint freiwillig hier zu sein. Er sieht ein bisschen ungepflegter aus als sonst, aber er wirkt überhaupt nicht unglücklich. Ich habe eher den Eindruck, dass er ein schlechtes Gewissen hat, als hätten wir ihn auf frischer Tat ertappt.

»Are you OK?«, frage ich besorgt.

Ethan zuckt die Schultern und lächelt. »Yeah, I'm fine.«

Ich schaue mich genauer im Zimmer um. Auf der linken Seite unter dem Fenster liegen eine Matratze und ein Schlafsack. Ein paar Kleidungsstücke hängen ordentlich über einem Stuhl. Es sind ganz klar Ethans Klamotten. Zuhause ist sein Zimmer auch sehr aufgeräumt. Auf dem Boden neben seinem provisorischen Bett liegt sein iPod und auf dem Kopfkissen die aufgeschlagene Tageszeitung *The Newquay Voice*.

Ethan steht vom Tisch auf und sagt: »You know, you really shouldn't be here.«

»Why not?«, frage ich irritiert. Ich verstehe überhaupt nicht, was hier abgeht. Was macht Ethan hier? »Why are you here? Everyone thinks you're in Hawaii.«

Ethan nickt bedächtig. Er beugt sich zu seinem Bett und nimmt die *Newquay Voice* in die Hand. »The police know who I am.«

Ich blicke auf die Titelseite der Zeitung. Es ist die gleiche Ausgabe, die Heather auf dem Heimweg entdeckt hat. Die Freitagsausgabe mit der Schlagzeile »High street bank robbed: no trace of thieves«, das körnige Foto von Jack in der Ecke, der den Kopf von der Kamera wegdreht, das fett gedruckte Zitat vom Filialleiter: »It must have been an inside job«. Alles schon bekannt. Was hat das zu bedeuten?

»I don't understand«, sage ich.

»We made a **mistake**«, erklärt Ethan und hält mir die Zeitung entgegen. »A big mistake. You see this? The police can identify it easily.«

Er zeigt auf die Spitze des Boards, das Jack aufrecht in den Händen hält. Obwohl Jack nach wie vor überhaupt nicht zu erkennen ist, ist die Nose von Ethans Board deutlich zu sehen. Auch die Flammen um den aufsteigenden Phönix. Jetzt kapiere ich endlich.

»Every surfer in Newquay knows that's my board«,

mistake – Fehler

sagt Ethan bedrückt. »We **messed up**. We didn't think about the camera on the other side of the room. It's only a question of time until the police come **knocking** at my door.«

»So that's why you came here?«, schlussfolgere ich und werfe einen Blick auf Jack, der uns ins Zimmer gefolgt ist.

Ethan nickt. »I thought if I came here to lie low, the police would think I left the country with the money.«

Das stimmt wohl. Das haben wir alle gedacht – oder zumindest befürchtet.

Bomba schaut Ethan verächtlich an. »Maddy thinks that, too.«

Ethan senkt beschämt den Kopf. »I couldn't tell Maddy. She's not a good liar. The police would have asked her. They would have **seen through** her straightaway.«

»She thinks you left her«, erzählt Cruncher.

Ethan sieht uns gequält an. »I know. I'm sorry. But I haven't. I **love her to bits**. I'll call her in a couple of weeks when the police have stopped asking questions. Believe me, it's better this way.«

Ich wende mich an Jack, der hinter uns lauert. »Is that what you two were arguing about on Friday evening?«

Jack antwortet nicht. Er schaut verunsichert zu Ethan.

to mess up – Mist bauen + to knock – klopfen + to see through someone – jemanden durchschauen + to love someone to bits – jemanden über alles lieben

»I was thinking about **turning myself in**«, spricht Ethan für ihn und ich weiß, dass ich jetzt endlich die Wahrheit höre. »After seeing my board in the newspaper, I thought maybe it would be better to go to the police and **confess**. I figured: if I do that, then they won't be so hard on me. What would I get? A few months in prison? Maybe just a **fine** and some **community service** if I'm lucky? The police are much easier on you if you **cooperate**.«

»You can't turn yourself in!«, widerspricht Jack entsetzt, aber hinter seiner Empörung steckt Hilfslosigkeit. Er schaut seinen Cousin panisch an. Zum ersten Mal verstehe ich, worum es hier wirklich geht: Jack hat Angst. Aber wovor? Dass er Ethan nicht mehr bewundern könnte, wenn er im Knast sitzen würde? Oder dass Ethan ihn verlässt? Vielleicht hat Jack Angst, allein mit seiner Mutter leben zu müssen, ohne Mister Sonnenschein? Wahrscheinlich ist Ethan der einzige Lichtblick in seinem ansonsten düsteren Leben.

Ethan schenkt seinem Cousin ein dankbares Lächeln und erzählt weiter: »So, yeah, you're right, Mo: that's what we had an argument about. Jack was against the idea. But then we came up with the idea of me **going into hiding**. You know, telling people I'd **done a runner** to

to turn oneself in – sich freiwillig stellen + to confess – sich schuldig bekennen + fine – Geldstrafe + community service – Sozialstunden + to cooperate – kooperieren + to go into hiding – untertauchen + to do a runner – abhauen

Hawaii with all the money. It seemed like a good idea to me at the time. The best solution. So I came here. I've been here since Friday night.«

Ich fasse es nicht: Die ganze Zeit tanzen uns Ethan und Jack auf der Nase herum. Und nicht nur uns. Auch Maddy und Ashley, ganz zu schweigen von der armen Heather, die jetzt in U-Haft sitzt. Ich frage mich, ob Ethan wirklich klar ist, was für ein ernstes und gefährliches Spiel er hier treibt.

»And what about Aunt Heather?«, frage ich. »Isn't it a problem for you that she is in prison?«

Ethan runzelt überrascht die Stirn und schaut mich an, als hätte er überhaupt keine Ahnung, wovon ich spreche. »What did you say? Aunt Heather? In prison?«

»Heather is under arrest«, bestätigt Cruncher. »They traced her security card.«

Ethan erstarrt und guckt Cruncher und mich mit immer größer werdenden Augen an. »When did this happen?«, fragt er uns.

»Yesterday morning.«

»And she hasn't been **released** yet?«

Ich schüttle den Kopf.

Ethan wendet sich verständnislos an Jack. »Why didn't you tell me this, Jack?«

to release – freilassen

Jack windet sich und schaut auf seine Füße. »It's **no big deal**. The police know she has nothing to do with it.«

Ethan wirft die Zeitung auf sein Bett, dreht sich schwungvoll um und geht zum Tisch zurück. »This is going too far, Jack!«, schnauzt er. Er zieht seine Jeansjacke an und holt eine Sporttasche aus der Ecke. »Aunt Heather can't go to prison because of me.«

Er öffnet die Sporttasche und überprüft den Inhalt. Ich erhasche einen Blick auf ein Geldbündel: die Beute aus der Bank.

»What are you going to do?«, fragt Jack panisch und macht einen Schritt auf Ethan zu.

Ethan schließt die Sporttasche und schwingt sie über die Schulter. »I'm going to the police. I'm going to tell them exactly what happened. It's over.«

»You can't do that!«, ruft Jack verzweifelt.

»Don't worry. I'll **keep** you and Maddy **out** of it.«

Ethan will gerade zur Tür gehen, als ihm Jack den Weg versperrt. »You can't go to the police. Not now!«, fleht er. »It will ruin everything!«

»I made a mistake«, sagt Ethan ganz ruhig. »Now I have to stand up for it. Get out of my way, Jack. You're not going to stop me doing this.«

Jack rührt sich nicht von der Stelle. Ethan wartet. Jack

no big deal – nichts Besonderes + to keep out – raushalten

öffnet seinen Mund, als wollte er noch mal widersprechen, doch dann senkt er den Kopf und macht einen Schritt zur Seite.

»Everything's going to be OK«, beruhigt ihn Ethan mit sanfter Stimme und geht an ihm vorbei.

Ethan will gerade den Raum verlassen, als es draußen blitzt und irre laut donnert. Erschrocken bleibt er im Türrahmen stehen und schaut aus dem Fenster. Ich auch. Wieder spaltet ein greller Blitzschlag den grauen Himmel. Eine Sekunde später kommt der zweite Knall, wieder ohrenbetäubend. Die Wände des Leuchtturms scheinen zu zittern, als würden sie sich vor den bevorstehenden Angriff der Natur fürchten.

Erst dann sehe ich etwas auf dem Wasser: ein einzelner Surfer, der mitten in den heftigen Wellen auf seinem Board steht und eine Riesenwelle reitet. Ein dritter Blitzschlag kracht aus den Wolken und knallt auf das Wasser knapp neben den Surfer. Der Typ hat sie nicht mehr alle.

»He's crazy!«, stammle ich wie unter Schock.

»What do you mean ›he‹?«, sagt Ethan aufgeregt. »That's not a ›he‹. That's Ashley!«

Ashley? Das kann nicht sein!

Aber Ethan hat recht. Beim nächsten Blitz erkenne ich ihr Board und das auffällige Muster an ihrem Neoprenanzug. Was macht sie da draußen? Ist sie wahnsinnig geworden?

»We've got to get her out of there«, sagt Ethan, aber bevor wir uns etwas überlegen können, kommt eine Monsterwelle von hinten und fegt Ashley einfach weg. Ein superheftiges Wipe-Out.

»Our boards are outside«, sage ich und laufe aus dem Raum. »Down the hill.«

Ethan folgt mir die Wendeltreppe hinab. »Are you sure you want to do this?«, ruft er mir hinterher.

Darauf antworte ich nicht. Wir müssen Ashley helfen. Egal wie.

»There they are«, sage ich, als wir aus dem Leuchtturm sprinten. Die drei Boards liegen noch immer auf dem Gras. Ich schnappe mir mein Board. Ethan nimmt Crunchers Malibu.

Er ruft zum Leuchtturm zurück: »Cruncher! Tell the lifeguards we need help!«

Auf dem Strand steht der Jeep. Offenbar sind die Wellen so hoch, dass die Lifeguards Ashley nicht gesehen haben.

Während Cruncher und Bomba zu den Lifeguards am Strand laufen, schlittern wir einen Weg den Abhang hinab. Im Wasser rudert Ashley mit den Armen und kämpft darum, nicht unterzugehen. Ihre Leash wurde abgerissen. Ihr Board ist schon längst weg.

Als wir eine kleine Bucht erreichen, verliere ich Ashley aus den Augen. Die Wellen stehen vor uns wie Steilwände.

Ohne zu zögern werfen wir unsere Boards aufs Wasser und paddeln raus. Ich gebe alles. Es ist total anstrengend, gegen die Monsterwellen anzupaddeln. Meine Arme brennen vor Schmerzen. Wir kommen nur schwer voran. Die Wellen sind so hoch, dass ich mich kaum orientieren kann. Die Felsbrocken der Pinnacles auf unserer rechten Seite bieten die einzige Hilfe. Es dauert ewig, bis ich Ashley endlich wieder sehe. Sie bewegt sich nicht mehr.

»She's over there!«, rufe ich Ethan zu, der weit vor mir ist.

Ethan und ich steuern schnell auf Ashley zu. Bewegungslos lässt sie sich von den Wellen treiben.

»Put the boards together!«, ruft Ethan und zeigt auf die Spitze seines Boards. »We carry her over both noses.«

Wie ein Schere gehen wir auseinander und fangen Ashleys reglosen Körper in der Mitte ab. Ich packe sie an der Schulter, Ethan an den Beinen. Wir ziehen sie auf unsere Boards und schieben diese zusammen. Dann drehen wir Ashley um, damit sie auf dem Rücken liegt.

»Open her mouth!«, ruft Ethan.

Ich strecke ihren Kopf nach hinten, damit ihre Atemwege frei sind. Ihr Mund öffnet sich automatisch. Ich habe keine Ahnung, ob sie noch lebt.

»Is she **breathing**?«, fragt Ethan über den tosenden

to breathe – atmen

Lärm der peitschenden Wellen hinweg, aber ich weiß nicht, wie ich das feststellen soll. Ich kann Ethan kaum hören, geschweige denn Ashleys Atem, und das Meer schaukelt uns hin und her wie Papierschiffchen.

Intuitiv schlage ich Ashley auf den Bauch. »Ashley! Wake up, Ashley!«

Sie regiert nicht. Ich schlage noch fester.

»It's me, Mo! Ethan is here! Wake up, Ashley! We're here!«

Endlich zuckt ihr Körper. Sie schießt hoch und spuckt prustend eine Menge Wasser aus. Desorientiert öffnet sie ihre Augen und sieht mich. Sie steht sichtlich unter Schock.

»You're going to be OK«, sage ich.

Ethan legt sich auf sein Board und hält Ashleys Beine mit einem Arm fest. »Let's get her back to shore.«

Ethan packt mich an meinem Neo und zieht mich ebenfalls auf das Board hoch. Ich habe fast keine Kraft mehr. Um die Boards zusammenzuhalten, lege ich eine Hand auf Ethans Rücken, mit der anderen paddle ich los. Vor mir lässt Ashley ihren Kopf zur Seite fallen und schaut mich mit einem verschwommenen Blick an. Dabei huscht ein schwaches Lächeln über ihr Gesicht und ihre Augen fallen wieder zu. In dem Moment weiß ich, dass sie den Sturm überleben wird.

Goodbye, Cornwall!

»So where are you going surfing next year?«, fragt Ashley.

»I don't know ...«, antworte ich. »Maybe Tahiti ... or Australia ... or Hawaii.«

Ashley nickt und lächelt verschmitzt. »Well, let me know. Perhaps I'll come with you.«

Das überrascht mich. »You really want to keep surfing?«

Ashley lacht. Das war eine ziemlich dumme Frage. »I'm going to try out some other hobbies.« Sie überlegt einen Augenblick. »Mountain biking sounds like fun.«

»I think mountain biking is possible on Hawaii«, sage ich. »You just have to be careful not to fall into the **volcanoes.**«

»I will.«

»He, Mo! Wir müssen los!«

volcano – Vulkan

Cruncher und Bomba sind bereits im Zug, Ashley und ich stehen noch auf dem Gleis des Bahnhofs von Newquay. Wir fahren über London nach Dover, dann weiter nach Bochum. Es wird eine lange Heimreise, aber es ist Zeit zu gehen. Unser Aufenthalt in Cornwall ist vorbei.

Ich reiche Ashley die Hand. Der Abschied fällt mir schwer. Vom Meer, von Newquay, von den ganzen Leuten, die wir hier kennengelernt haben, und natürlich besonders von Ashley.

»It was nice meeting you, Ashley«, sage ich. Auf einmal fehlen mir die Worte.

Ashley nimmt meine Hand und schüttelt sie. »It was nice meeting you, too«, sagt sie ebenso höflich, doch dann umarmt sie mich. »Thanks, Mo. Thanks for everything.«

Ich spüre ihren Atem auf meinem Nacken. Ich bekomme eine Gänsehaut am ganzen Körper. Ich hasse Abschiede.

»Look after Maddy«, sage ich und drücke Ashley fest. »And say hello to Ethan when you visit him.«

»I will. Don't forget to send him a postcard.«

»The best postcards come from the *Ruhrgebiet*, you know. Tell Ethan he should come and visit me in Germany when he comes out of prison.«

»Sure thing. Maybe I'll come with him …«

»Mo! Beweg deinen Hintern! Der Zug fährt gleich«, brüllt Bomba aus dem Fenster.

Das war's dann. Auf Wiedersehen, Newquay, tschüss, Cornwall, und hoffentlich bis bald, Ashley. Ich werde dich vermissen.

»Ich komme schon!«, rufe ich meinen Freunden zu und springe in den Zug. Ich freue mich schon auf den Pott, auf das Essen und meine Familie – auch wenn die Sprüche meines Vaters mir wieder ziemlich schnell auf die Nerven gehen werden.

»I'll call you when I'm home«, rufe ich über den Bahnsteig. »We can chat on the Net.«

Ashley schüttelt den Kopf und lacht. »I don't like chatting. I'm dyslexic!«

Der Zug fährt mit einem knarrenden Geräusch los. »You're what?«, rufe ich über den Lärm.

Ashley winkt uns zu, als der Zug Fahrt aufnimmt. »It doesn't matter«, ruft sie lachend. »We can chat if you want to …«

Ich lehne mich aus dem Fenster und winke Ashley zu. Bald schon ist Ashley nicht mehr zu sehen. Ich werde wohl warten müssen, bis ich herausfinden kann, was »dyslexic« eigentlich bedeutet. Ich hoffe sehr, dass ich Ashley nicht zum letzten Mal gesehen habe. Vielleicht fahre ich in den nächsten Ferien doch wieder nach Cornwall. Ich sollte mir allerdings jetzt schon überlegen, woher ich das Geld dafür bekomme. Aber jetzt weiß ich zumindest: Wo ein Wille ist, da ist auch ein Weg. Und wo es Wellen gibt, da gehöre ich hin, auf jeden Fall!

Glossar

Backwash: In steilen Bereichen des Ufers rückströmendes Wasser, das durch eine aufs Ufer brechende Welle (Shore Break) Richtung Strand hochspült.

Boomer: In einer Gruppe von Wellen eine der größeren Wellen.

Break/Breaking Point: Stelle im Meer, an der eine Welle abbricht. Auch allgemeiner Ausdruck für den Brechungsgrad (Curl): eine sich immer weiter fortbewegende Grenze zwischen dem gerade brechenden Weißwasser und dem grünen, noch ungebrochenen Teil der Wellenwand.

Caught Inside: Hereinrollende Wellen brechen direkt vor dem wartenden Surfer, der nun duckdiven oder abtauchen muss.

Close Out: Eine Welle, die über ihre gesamte Front auf einmal bricht. Es besteht keine Möglichkeit, im grünen Bereich zu surfen.

Drop In: Einem anderen Surfer die Vorfahrt nehmen, auch »reindroppen« genannt.

Duckdive: Eine Technik, um mit dem Surfboard unter Wellen durchzutauchen.

Grüne Welle: Der grüne, noch ungebrochene Teil der Wellenwand.

Impact Zone: Punkt, an dem der vorderste Rand der herunterbrechenden Welle auf die Wasseroberfläche trifft.

Kick Out: Verlassen der Welle durch eine kraftvolle Drehung des Bretts über den Wellenkamm.

Line-Up: Im Line-Up fängt die Welle an zu laufen. Hier muss jeder Surfer liegen, um eine Welle anpaddeln zu können, da sie nur an diesem Punkt steil genug wird, um sie abreiten zu können. Die Welle baut sich auf, bricht und muss dann ins Laufen kommen.

Lip: Der vorderste Rand einer herunterbrechenden Welle. Die gesamte Kraft der Welle ist hier konzentriert.

Locals: Einheimische Surfer.

Offshore-Wind: Ablandiger Wind, der die Wasseroberfläche glättet.

Overhead: Die Welle ist größer als der Surfer.

Pointbreak: Die Welle bricht nicht an einem bestimmten Punkt, sondern entlang einer Landzunge.

Pull Out: Verlassen einer noch ungebrochenen Welle durch eine Kurve über den Wellenkamm nach hinten.

Shorebreak: Welle, die direkt bricht und auf dem Strand aufschlägt.

Snap: Manöver, bei dem ein Surfer am obersten Wellenrand eine schnelle Kurve fährt.

Stoked: Das berauschende Gefühl nach einer guten Surf-Session.

Swell: Schnelle, lange Wellen, die relativ niedrig sind.

Take Off: Beginn eines Wellenritts, bestehend aus dem Anpaddeln, der Aufsteh-Bewegung und dem Beginn des Rides.

Top-to-Bottom: Welle, die über ihre gesamte Höhe direkt ins Wellental bricht. Zumeist ergibt sich hierbei eine Tube.

Top Turn: Kurve an der oberen Wellenkante.

Tube: Ein Hohlraum, der von der Welle gebildet wird und in dem der Surfer eine kurze Zeit fahren kann.

Waschmaschine: Das Gefangensein in einer Welle in einem Zustand der absoluten Orientierungslosigkeit.

Wipe-Out: Sturz.

Special thanks to Anne Hutmacher, surfer,
P.E. teacher and triathlon partner.

Fermer, David:
Surf 4ever
ISBN 978 3 522 20109 4

Umschlaggestaltung und -typografie: Anke Behrends, Hamburg
unter Verwendung von Fotomaterial von iStockphoto.com
(© iStockphoto.com / 9642256)
Innentypografie: Julia Katharina Höll
unter Verwendung von Grafiken von iStockphoto.com
(© iStockphoto.com / 10364569; 12425685)
Schrift: Sabon, Poplar Std.
Satz: KCS GmbH, Buchholz/Hamburg
Reproduktion: immedia 23, Stuttgart
Druck und Bindung: CPI – Ebner & Spiegel, Ulm

5 4 3 2 1° 11 12 13 14

www.thienemann.de